Johanna Domek

Kompass für ein gutes Leben

Das Buch

Gerechtigkeit, Klugheit, Dankbarkeit: Tugenden geben uns die Orientierung, wie wir »gut und gerne« leben können. Mit ihrer Hilfe können wir das Leben und Miteinander so gestalten, dass es gelingt. Johanna Domek beschreibt in diesem Buch 38 kleine und große Tugenden aus spiritueller Sicht. Mit Hilfe der Bibel und der Benediktsregel fügt sie diese Vielzahl von inneren Haltungen zu einem kleinen Brevier der Tugenden zusammen.

Die Autorin

Schwester Johanna Domek, geb. 1954, war lange Zeit Priorin des Benediktinerinnenklosters von der Ewigen Anbetung in Köln-Raderberg. Sie ist Autorin zahlreicher Bücher zu den Themen Spiritualität und Lebenshilfe.

Johanna Domek

Kompass für ein gutes Leben

Die Wiederentdeckung der Tugenden

Mit einem Nachwort
von P. Fidelis Ruppert OSB

HERDER

FREIBURG · BASEL · WIEN

HERDER spektrum Band 6771

MIX
Papier aus verantwortungsvollen Quellen
FSC
www.fsc.org
FSC® C083411

www.herder.de

Umschlaggestaltung: wunderlichundweigand, Stefan Weigand
Umschlagmotiv: © iStock

Herstellung: CPI books GmbH, Leck

Printed in Germany

ISBN 978-3-451-06771-6

Einleitung

Jeder Mensch will irgendwie gut leben. Ja, die allermeisten Menschen möchten gut und gerne leben. Das ist nicht neu. Das ist zeitlos und gehört vielleicht zu den einfachen, immer gültigen Binsenwahrheiten. Aber was ist damit gesagt?

Benedikt von Nursia (480–547) schreibt im Vorwort zu seiner Mönchsregel (die Regel Benedikts wird im Folgenden mit der Abkürzung RB zitiert) in ähnlichen Worten:

Wer ist der Mensch, der das Leben liebt
und gute Tage zu sehen wünscht?
(RB, Prolog 15)

Und die von ihm da aufgeschriebene Frage hat er aus einem noch älteren Text übernommen, dem Psalm 34 der Bibel, einem Lied, das in der Zeit nach der Rückkehr der israelitischen Stämme aus dem Babylonischen Exil gedichtet wurde. Benedikt fährt nach der Frage, die er da in seinem Vorwort stellt, fort: »Wenn du das hörst und antwortest: ›Ich‹, dann sagt Gott zu dir …« (RB Prolog 16), und dann folgen die beiden nächsten Verse des 34. Psalms:

Bewahre deine Zunge vor Bösem
und deine Lippen vor falscher Rede!
Meide das Böse und tu das Gute;
suche Frieden und jage ihm nach!
(Psalm 34,14–15)

Jeder Mensch möchte gut und gerne leben. Die Frage ist, wie kann das gehen? Der Psalm antwortet: Gut leben, das geht, wenn man sich angemessen und gut verhält. Aber was ist ein gutes Verhalten? In einer Katechese erzählte Papst Johannes Paul I., der nach nur 33 Tagen als Papst so plötzlich starb, im Jahr 1978 von einem Mann, der ein neues, schönes Auto kaufen will. Er geht zu einem Händler und lässt sich verschiedene Wagenmodelle vorführen. Schließlich findet er eins, das ihm ausgesprochen gut gefällt, und will es kaufen. Der Händler erklärt ihm daraufhin, wie er diesen noblen Wagen behandeln müsse, damit er damit gut fahren und lange Freude daran haben könne. Er sagt, er solle nur gutes Motoröl einfüllen, nicht das billigste, das gerade im Angebot sei, er solle nur Superbenzin tanken und so weiter. Darauf antwortet der Mann: »Aber Benzin mag ich gar nicht, ich tanke viel lieber Sekt, und Öl ist auch nichts für mich, da nehme ich stattdessen doch lieber Marmelade.« Und der Händler antwortet ihm: »Das steht ihnen frei, das können sie natürlich machen. Aber damit werden sie nicht weit kommen und bald im Graben landen oder sonstwo liegen bleiben.«

In seine Ordensregel fügt Benedikt im 6. Jahrhundert ein Kapitel ein, das auf eine altkirchliche Moralkatechese für Neugetaufte zurückgeht, das Kapitel 4: *Die Werkzeuge der geistlichen Kunst*, oder, wie es auch heißt: *Die Instrumente der guten Werke*. Weiter unten wird davon noch die Rede sein. Darin aufgelistet sind eine Vielzahl von Haltungen, Verhaltensweisen, Werkzeugen, die dem Leben dienen, dass es gut werden und gelingen kann. Diese Haltungen sind einzuüben, von Situation zu Situation sind sie dann neu und frisch anwendbar, je nachdem, wie es die Situation verlangt. Solche Haltungen sind Tugenden, guter Umgang mit den Kräften des Lebens. Sie sind ein Instrumentarium, mit denen man sich den Aufgaben und Herausforderungen des Lebens stellen kann.

Das Wort *Tugenden* mag in manchen Ohren fremd oder altbacken klingen, aber was damit gemeint ist und wozu sie gut sind, das ist zu jeder Zeit in alten und immer wieder neuen Variationen hilfreich und wohltuend.

Um das Gespür für Tugenden an sich und einige Tugenden, ohne die das Leben nicht auskommen oder gedeihen kann, zu verlebendigen, sind die hier vorgelegten Texte in einem Zeitraum von zwei Jahren geschrieben und als eine Textreihe in loser Folge in der *Kölner Kirchenzeitung* gedruckt worden. Es kann in diesen kurzen Texten nicht um eine umfassende Darlegung der Themen gehen. Die Themen werden nicht erschöpft, vielmehr wollen die Texte eine Anregung sein. Denn, da bin ich mir sicher, einiges davon kennen wir alle schon.

1

Ich komme nicht aus ohne ...

Viel ist nötig zum Leben, Inneres wie Äußeres. Manches davon liegt auf der Hand, man sieht es gleich, es springt einem leicht ins Auge. Manches gehört, ohne dass es groß auffällt oder uns im Alltag immer bewusst ist, zum Boden, der uns trägt. Wenn wir mit den Menschen, denen wir heute begegnen, den Satz durchspielen würden: »Ich komme nicht aus ohne ...«, gäbe es wohl die verschiedensten Antworten.

Hier ein Beispiel, um zu zeigen, was ich damit meine: Seit etwa 200.000 Jahren gibt es menschliches Leben auf der Erde. Die Erfindung des Telefons ist noch keine 150 Jahre alt, ganz zu schweigen von der heute boomenden Telekommunikationstechnik, ohne die scheinbar viele gar nicht mehr auskommen. Menschen und Kulturen vieler Zeiten mussten nicht nur, sondern konnten auch ohne Telekommunikation leben. »Ich kann nicht ohne Telefon«, stimmt also nur bedingt.

Wenn ich aber sage: »Ich komme nicht aus ohne Tugend«, (und damit meine ich nicht die preußische Variante oder bürgerlich-mittelständische) wird spürbar, wie seltsam das heute klingt, obwohl das nicht nur bedingt, sondern unbedingt stimmt. Es stimmt für jede Kultur, die es gab und gibt, und für das Zusammenleben jeder Gruppe. Die Akzente mögen unterschiedlich gesetzt sein bei den alten Chinesen oder Griechen, bei den Preußen oder den polynesischen Maori. Bestimmte Elemente gehören aber immer dazu. So wie bei einem Brot, das man backt, bestimmte Bestandteile unverzichtbar und nur die Zutaten variabel sind.

Man kann das ignorieren. Aber mehr noch als bei jedem Auto, das regelmäßig zur Prüfung der Fahrtüchtigkeit zum TÜV muss, ist eine Revision meiner Praxis, was Grundhaltungen, Werte und Tugenden angeht, hin und wieder nötig, ja unverzichtbar, wenn es gut in meinem Leben weitergehen soll.

Ansatzpunkte zu geben, die dazu ermutigen und dabei helfen, ist das Anliegen der Stichwortreihe dieses Tugendspiegels. So wenig es Sinn macht, die ganze Zeit vor dem Spiegel zu stehen, so sehr macht es Sinn, immer wieder mal hineinzuschauen.

2

Mut zur Tugend

Mut zur Tugend. Von der Fähigkeit menschlicher zu leben lautet der Titel eines Buches, das 1979 von Karl Rahner und Bernhard Welte herausgegeben wurde. Die 25 Beiträge namhafter Autoren sind Robert Scherer gewidmet. Rudolf Walter schreibt dazu im letzten Kapitel: »Die Beiträge des Buches wollen Fragmente zu einem ›Charakterbild‹ sein, das nicht abstrakte Menschen analysiert, sondern menschliche Eigenschaften sympathisch und begreifbar machen möchte – sie verstehen sich als freundliche Einladung.«

Er überschreibt seinen Beitrag: *Für einen Mann mit Eigenschaften.* Der ist dann das Gegenstück zum Roman und Hauptwerk Robert Musils (1880–1942) aus dem Jahr 1930 mit dem Titel *Der Mann ohne Eigenschaften.* Der Roman war sehr einflussreich über seine Zeit hinaus, doch helfen kann er nicht, helfen können nur Menschen mit Eigenschaften, wie sie die Tugenden sind.

Tugenden werden geübt und ausgeübt. Sie sind, schreibt Karl Rahner, nichts für »müde Relativisten«

oder »sture Fanatiker«. Sie wachsen aus der freien Entscheidung des Menschen zum Guten, was nicht immer das beste Denkbare, aber wirklich das möglichst Gute im Blick hat. Das eröffnet zahllose Möglichkeiten und Nuancen.

Da schreibt der Politologe Iring Fetscher (*1922) eine *Ermutigung zur Zivilcourage.* Der frühere Bischof von Aachen, Klaus Hemmerle (1929–1994), schreibt eine *Ermutigung zur Selbsthingabe.* Johannes Baptist Lotz SJ (1903–1992) nennt sein Kapitel die *Einübung in die Gelassenheit.* Eugen Walter (1906–1999) widmet sich der *Freundschaft*, Oswald von Nell-Breuning SJ (1890–1991) der *Würde und Verantwortung des Arbeitens.* Das sind nur einige Beispiele.

Wenn ich heute eine Tugend nennen sollte, die mir wichtig scheint und für mein Leben und das Leben um mich gut wäre, welche wäre das? Ist Mut dazu nötig? Und wo könnte ich den Mut oder eine Ermutigung, die es immer wieder braucht, um nicht müde zu werden, vielleicht finden?

3

Was heißt schon Tugend?

Unser deutsches Wort *Tugend* stammt von althochdeutsch *tugund* ab und heißt soviel wie *Tauglichkeit* und *Kraft*. Im Englischen spricht man von *virtue*, im Französischen von *la vertu*. Beide Worte stammen vom lateinischen *virtus* ab, das *Tüchtigkeit, Kraft, Stärke, Mut* und *männliche Taten* bedeutet.

Es geht bei der Tugend aber nicht zuerst um einzelne Taten oder Kraftakte, sondern um Haltungen, Lebenseinstellungen, die für ein ethisches Handeln unverzichtbar und fundamental sind. In einer Welt, in der die Tendenz zur Anonymisierung von Energien und Kapital im Spiel der Kräfte so stark geworden ist, wird es für alle, die dem Leben dienen wollen, höchst nötig, neu, zeitnah und wach Tugendethik zu verlebendigen. Nie kommt eine Gruppe, ein Volk ohne sie aus, sie trug und trägt alles Gute. Heute gilt es mehr denn je, der Vergesslichkeit zu entfliehen, die dem, was einfach trug und trägt, so leicht widerfährt, und bewusst wahrzunehmen und zu tun, worum es da geht. Es geht darum, neue Modelle von Tugendethik, die dem heutigen Weltkontext entsprechen, zu entwickeln und einzubringen.

Tugend ist wesentlich an Person gebunden, bleibt immer personal. Auch wenn sie oft still und unauffällig da ist, hat sie ein Gesicht, ist sie immer eine Zuwendung. Tugend ist eine Freundin des Lebens, egal wie kompliziert es auch erscheint. Sie kennzeichnet nicht den unbewegten, unbeweglichen Menschen, sondern den, der in einer verwurzelten Lebendigkeit zu reagieren versucht, angemessen und gut. Josef Pieper (1904–1997), der Münsteraner Philosoph, beschreibt sie als *Auf-dem-Sprung-sein-zum-Tun-des-Guten*. Dabei schadet die mögliche Sprunghaftigkeit des Menschen einer so gemeinten Sprungbereitschaft, während eine lebendige, gläubige Verwurzelung hilft, in diesem Sinn *auf dem Sprung zu bleiben*.

Was die Tugenden angeht, kennt jede Kultur und Religion einen Schatz, aus dem sich schöpfen lässt. Aber jedes Mal braucht es Entscheidung und Einübung, sonst geschieht nichts, hat das Gute keine Chance, wird das Leben nicht glücken.

4

Manchmal können Spiegel sprechen

Manchmal können Spiegel sprechen, wie der im Haus der Weasleys in den Harry-Potter-Büchern, der das Aussehen aller, die davor stehen, kritisch kommentiert, oder einem anderen dort, der den Betrachter aufmuntert.

Oder man denke an den Spiegel im Märchen »Schneewittchen« der Gebrüder Grimm, den die neidische Königin fragt: »Spieglein, Spieglein an der Wand, wer ist die Schönste im ganzen Land?« Da gibt der Spiegel ihr die Antwort: »Frau Königin, ihr seid die Schönste hier, aber Schneewittchen ist noch tausendmal schöner als ihr.«

Im Gegensatz zu den beiden anderen Spiegeln kommentiert der Spiegel im Märchen nicht, weder mäkelt er noch ermuntert er, stattdessen gibt er die Antwort auf die Frage, die ihm gestellt wird. Das passt zu dem, was ich vom Leben weiß. Meistens reicht es bei mir nicht, vor einer Sache oder Wahrheit zu stehen, ich muss die Frage wissen und irgendwie stellen, um die Antwort zu hören.

Und mehr noch als dass Spiegel Worte sagen können, können Worte – und was sie bedeuten – Spiegel sein. In der Literatur gab es eine Zeit lang die Form des Tugendspiegels. Von Goethe gibt es ein Textfragment, das diesen Titel trägt. Im Schloss Freisaal bei Salzburg finden sich frisch restaurierte Wandmalereien, die auch so heißen. In der Musik fand ich ein Werk von Georg Philipp Telemann (1681–1767) mit dem erstaunlichen Titel: *Ein fröhlicher Tugendspiegel in 12 Märschen für Violine und Klavier*.

Das Bild vom Tugendspiegel gefällt mir. Ich hole es aus der alten Kammer heraus, staube es ab und lade ein, mit mir hineinzuschauen in das, was sich darin zeigt. Ich werde mich vor den Spiegel stellen und schauen, was sich entdecken lässt, und mich auf der Folie dessen, was Tugenden meinen, wahrnehmen und sehen wie ich dastehe und wie es um mich steht oder in welche Richtung ich mich bewege – nicht um zu mäkeln oder zu kommentieren, sondern in einer Mischung von unbefangener Neugier und Offenheit für das, was zum Vorschein kommt.

5

Tugendkataloge

Kataloge sind in. Immer wieder aktualisiert werden sie tonnenweise verschickt und per Post ins Haus geliefert. Mode, Urlaub, Haus und Garten, jede Branche hat ihr Sortiment.

In den neutestamentlichen paulinischen Briefen finden sich an mehreren Stellen Listen von Tugenden, die üblicherweise *Tugendkataloge* genannt werden:

In 1 Korinther 13,13 nennt Paulus *Glaube, Hoffnung* und *Liebe*. Diese Dreiheit wird in der Tradition als die drei göttlichen oder theologischen Tugenden bezeichnet. Was das meint, darauf wird noch eigens einzugehen sein.

In Galater 5,22–23 findet sich eine ganze Liste: *Liebe, Freude, Friede, Langmut, Freundlichkeit, Güte, Treue, Sanftmut* und *Selbstbeherrschung*. Paulus nennt sie die *Früchte des Geistes*.

In Epheser 4,2–3 mahnt Paulus aus dem Gefängnis in Rom heraus die Gemeinde in Ephesus: »Seid demütig, friedfertig und geduldig, ertragt einander in Liebe und bemüht euch, die Einheit des Geistes zu wahren durch den Frieden, der euch zusammenhält.«

In Philipper 4,4–9 spricht Paulus von den christlichen Grundhaltungen und schreibt: »Schließlich, Brüder: Was immer wahrhaft, edel, recht, was lauter, liebenswert, ansprechend ist, was Tugend heißt und lobenswert ist, darauf seid bedacht!«

In Kolosser 3,12–16 schließt der Katalog der Tugenden kontrastreich an den der Laster an. Außer den schon genannten stehen da: *Erbarmen, Milde, Vergebungsbereitschaft, Dankbarkeit, Freundschaft mit dem Wort Gottes, die Fähigkeit zu ermahnen, weise zu lehren und von Herzen zu loben und singen.*

Ich schaue nach den Tugendlisten bei Paulus auf das Sortiment der Werte und Tugenden in meinem Leben und Weltverständnis. Es ist aufschlussreich, sie einmal aufzuschreiben und meinen aktuellen Tugendkatalog zu meditieren. Kataloge müssen immer wieder auf den neuesten Stand gebracht werden. Vielleicht sehe ich auch, was sich verändert hat von Kindertagen her. Vielleicht sehe ich, wo ich etwas anders gewichten möchte auf die Zukunft hin. Vielleicht ist mein Katalog auch für Überraschungen gut.

6

Spiel der Kräfte

Hildegard von Bingen ist heute wie schon im 12. Jahrhundert bekannt und berühmt, bei Musikern, Natur- und Heilkundigen, bei Schöpfungstheologen, in der Frauenbewegung, bei Kirchenmahnern, bei Esoterikern. Im Herbst 2009 kam eine neue Verfilmung ihres Lebens unter der Regie von Margarethe von Trotta mit dem Titel *Vision* in die Kinos.

Unter ihren vielen Schriften heißt eine: *Ordo Virtutum – Spiel der Kräfte.* Da stellt sie uns ein mystisches Universum vor Augen, mit den verschiedenen Kräften als Figuren. »Bildhaftigkeit statt Begrifflichkeit«, das ist Hildegards Stil, schreibt Benediktinerschwester Maura Zátonyi in ihrem Aufsatz *Gotteskräfte. Über die Tugenden bei Hildegard von Bingen.* Von Kindheit an visionär begabt, steigt Hildegard durch die Bilder zum Grund der Geschehnisse und erkennt das Muster. Im *Ordo Virtutum* sind unterschiedliche Tendenzen im Spiel und ringen darum, den Menschen zu gewinnen. Teufelskräfte und Tugendkräfte prallen aufeinander – Tugend hier verstanden nicht als eine moralische

Pflichtübung, sondern als Wirkkraft mit Leben gestaltendem Charakter. Es geht um den Weg der Entscheidung und der Reifung der Seele. Tugenden und Laster, aufbauende und zerstörerische Gestaltungskräfte machen den geistlichen Kampf für den Menschen unausweichlich. Aber in Jesus Christus ist der wesentlichste Sieg schon errungen und der Weg für uns schon geöffnet. Auf diesem Weg zu sein heißt, Christus verbunden und in der Übung zu bleiben. Dabei kommt uns im Spiel der Kräfte »die virtuose Kraft des Allmächtigen« als Gnade zu Hilfe, schreibt Hildegard in ihrer Visionsschrift *Sci Vias III, 8.25*. Die Menschwerdung ist das Christusmysterium, das Hildegard am häufigsten beschäftigt. Im Blick auf unsere Menschwerdung geht es dabei um Gnadenlehre und Tugendlehre.

Der Weg von der *prima materia* zur *lucida materia*, vom Urschoß der Welt zum lichten Schoß, führt durch viele Brechungen von Person und Biographie, doch das setzt die Wahrheit der Tugenden nicht außer Kraft. Wir allen spiegeln das reine, leuchtende Licht als Farbe, gebrochen und unvollständig. Aber auch so ist es eindeutig Licht. Es macht sichtbar, wovon Hildegard zutiefst überzeugt ist: In allen Teilen und auf allen Ebenen der Welt geht es ums Ganze.

7

Werte und ihr Gegenteil

Es ist nicht unwichtig, die Namen von Werten zu kennen, ein Bewusstsein der eigenen Werte zu haben, geistige, materielle, religiöse wie auch soziale. An den Oberflächen des Lebens verschwimmt im Wertebewusstsein manches. Das Diffuse schleicht sich ein unter dem Deckmantel griffiger Worte oder banaler Gedankenlosigkeit und schadet dem Leben, wo immer es geschieht. Wenn es um das Leben geht, und darum geht es ja immer, ist – nicht nur für die Müllerstochter und Königin im Rumpelstilzchen – von entscheidender Wirkung, den richtigen Namen zu wissen und sagen zu können.

Um das zu verdeutlichen, sollen hier einige Werte und ihr Gegenteil benannt werden, deren Reihe jeder selbst gern weiterführen kann. Das ist hier nicht philosophisch abstrakt gedacht, sondern gemeint sind Haltungen des Menschen, mit denen er seiner Wirklichkeit begegnet und in ihr handelt.

Manche Begriffe sind deutlich: Das Gegenteil von Freiheit ist Unfreiheit. Das Gegenteil von Freude ist

Traurigkeit. Das Gegenteil von Zuwendung ist Abwendung. Doch nicht immer liegt das Gegenteil eines Wertes so klar auf der Hand. Besonnenheit ist viel wert. Ihr Gegenteil ist nicht Spontaneität, sondern Unbesonnenheit, die nicht spontan auf das Leben zu reagieren versteht, sondern unaufmerksam und oberflächlich agiert. Verhärtung und Festgefahrenheit sind Unwerte. Ihr Gegenteil ist aber nicht Wurzellosigkeit und Haltlosigkeit, sondern die verwurzelte Beweglichkeit.

Viele Werte haben nicht nur ein Gegenteil, sondern gleich mehrere. Gegenteile einer lebendigen Ordnung, die dem Leben Halt und Raum gibt, sind ebenso das Chaotische wie die Kleinkariertheit. Gegenteile eines guten Schweigens sind das Gerede ebenso wie das Verstummen.

Wo wir uns im Raum eines Wertes befinden wird leichter sichtbar, wenn wir das Gegenteil mit im Blick haben. Heraushalten aus diesen Räumen kann sich niemand. Und Neutralität ist in ihnen nicht lebbar, ob uns das bewusst ist oder nicht.

8

Gesammelte Wünsche

An den meisten Tagen kommt bei den meisten von uns nicht der liebe Gott vorbei oder einer seiner Engel und gewährt uns drei Wünsche. An den meisten Tagen haben wir das Leben so zu nehmen, wie es kommt. Aber wenn mich einer fragt, was ich will oder mir wünsche, weiß ich es fast immer, auch wenn ich es nicht bekommen oder nicht zwingend tun muss. Und ich glaube, das ist auch gut so und sogar ein Gewinn. Wer nichts zu wünschen weiß, dem fehlt doch etwas Wichtiges, scheint mir. Damit meine ich nichts Zwanghaftes, Versessenes, sondern etwas Freies und Ehrliches. Ein Märchen der Brüder Grimm kann als ein gutes Lehrstück dazu dienen:

Einmal, als der liebe Gott auf der Erde wandert, wird er abends müde und sucht nach einem Nachtlager. Da fragt er im Haus eines Reichen, doch der Hausherr will ihn nicht einlassen. Gegenüber am Weg steht das kleine Haus eines Armen. Der Arme und seine Frau nehmen ihn freundlich auf, teilen Raum, Wärme und Essen mit ihm und geben ihm ihr Bett zum Schlafen. Am Morgen, bevor er weitergeht, gewährt ihnen der liebe Gott drei Wünsche. Da wünschen sie sich das tägliche Brot und die ewige Seligkeit und erhalten auch noch ein neues Haus als Drittes dazu. Der Reiche und seine Frau werden blass vor Neid. Schließlich reitet der Reiche dem lieben Gott nach, holt ihn ein und redet, was er nur kann, um auch drei freie Wünsche zu erhalten. Und schließlich bekommt er sie auch. Doch vor lauter Gier kann sich der Reiche nicht entscheiden. Die vielen Dinge, die er will, die oberflächlichen, spontanen Wunschbilder, die ihn treiben, führen schließlich dazu, dass er alle Wünsche vertut und am Ende noch viel ärmer dasteht als zuvor.

Gesammelte Wünsche sind mehr als eine Wunschliste. Es braucht dazu wirklich Sammlung, ein Wissen von sich selbst, von dem, was einem fehlt, und von dem, was man braucht, ohne darauf fixiert und versessen zu sein, aber mit der stillen Bereitschaft, sie zu wünschen und zu leben, wenn es möglich wird, wenn, wie im Märchen, der liebe Gott die Möglichkeit auftut.

9

Klassiker der Tugend

Zu den Klassikern zum Thema »Tugend« zählt für mich das Buch *Tugenden. Meditationen über Gestalten sittlichen Lebens* von Romano Guardini (1885–1968), das 1963, fünf Jahre vor seinem Tod, erschienen ist. Guardini will dieses Buch, in dessen Erfahrungsschatz auch die durchlebten, bitteren Kriegsjahre liegen und das sich, wie er schreibt, eher an ältere und reifere Menschen richtet, zusammengesehen wissen mit einem seiner früheren Bücher: In den 1930 veröffentlichten *Briefen über die Selbstfindung* hatte er sich in der Atmosphäre der Jugendbewegung an junge Menschen gewandt. Beides gehört für ihn thematisch untrennbar zusammen, mag, manchmal abgründig, noch so viel Wirklichkeit dazwischen liegen.

Tugend ist für ihn nicht »brav und nützlich«. Sie ist vielmehr lebendig, schön und groß, ist nicht nur menschenmöglich, sondern hilft dem Menschen auch zu seinen Möglichkeiten und seiner eigentlichen menschlichen Größe zu finden. Dabei richtet Guardini den Blick in drei Richtungen: Er schaut auf den einzelnen Menschen, das menschliche Miteinander und auf Gott. Die gehören zwar immer zusammen und gehen in der Wirklichkeit Hand in Hand, die drei Perspektiven verhelfen jedoch zu mehr Einsicht.

Folgende Haltungen beschreibt Guardini in diesen Meditationen als »das Wesen der Tugend«: *Wahrhaftigkeit, Annahme, Geduld, Gerechtigkeit, Ehrfurcht, Treue, Absichtslosigkeit, Askese, Mut, Güte, Verstehen, Höflichkeit, Dankbarkeit, Selbstlosigkeit, Sammlung, Schweigen* und die *Gerechtigkeit vor Gott.*

Wissen und Klugheit, Weisheit und Frömmigkeit sprechen aus Guardinis Texten. Vielleicht sind die Wenigsten von uns in der Lage, so klar wie er davon zu sprechen und zu schreiben, aber irgendein Wissen darum liegt doch schon in jedem von uns. Vielleicht wäre es aufschlussreich und vielleicht sogar inspirierend, wenn wir uns, falls wir das Buch nicht zur Hand haben und es lesen können, einmal für jedes dieser wichtigen Worte etwas Zeit nehmen und anschauen und überdenken, was wir bereits davon wissen.

10

Die göttlichen Tugenden: Glaube – Hoffnung – Liebe

Glaube, Hoffnung und *Liebe* sind die *drei göttlichen Tugenden.* Paulus nennt sie im Hohelied der Liebe im 13. Kapitel seines 1. Briefes an die Gemeinde in Korinth: »Nun aber bleiben Glaube, Hoffnung und Liebe, diese drei, am größten jedoch unter ihnen ist die Liebe.« (1 Korinther 13,13) Man nennt diese drei auch die theologischen Tugenden. Nach der Lehre der katholischen Kirche werden sie mit der Taufe eingegossen.

Was aus Gnade geschenkt und eingegossen wird, will, wie das Wasser, das die Pflanze durch die Wurzeln aus dem Erdreich zieht, ins ganze Wesen hineinwachsen, damit aus Lebenspotential volles Leben wird. Das »Ja« zu Christus in der Taufe ist auch ein »Ja« zu diesen Grundeinstellungen des Lebens.

Glauben heißt dann, mit dem Herzen Gottes Wahrheit, die sich in Jesus offenbart hat und in der Kirche weitergegeben wird, zu bejahen und zu bezeugen. Glauben heißt dann, mich in dieser Wahrheit zu verankern, ihr zu vertrauen und dem Leben, wie es kommt, mich fragt und herausfordert, aus diesem Glauben und Vertrauen heraus meine Antwort zu geben.

Jeder Mensch macht sich viele Hoffnungen im Leben, die aber mit der hier gemeinten Hoffnung nichts zu tun haben. Der Plural der Illusionen vergeht, eine nach der andern wird genommen, sodass ich schließlich vor der einen großen Hoffnung oder der einen großen Verzweiflung und Resignation stehe. Die Hoffnung ist eine Kraft, die größer ist als alles, was dem Leben Raubbau antut, denn sie ist zutiefst verbunden mit dem lebendigen Christus, der selbst den Tod überwunden hat.

Die Liebe ist das Wichtigste. In allem geht es um sie, in der Dreifaltigkeit, im Schöpfungswerk Gottes, in der Erlösung durch Jesus Christus, in unseren Beziehungen und Bemühungen. Ohne sie ist nichts wirklich schön, erfüllend und heilig. Ob wir sie leben oder vernachlässigen macht das Maß unserer Gottverbundenheit, das Maß unserer Freude und unseres Lebensglücks aus. Wir haben alle Möglichkeiten, die Liebe zu lernen, das Glück zu finden, doch tun müssen wir das selbst. Und das können wir auch.

11

Kardinaltugenden

Die Managementdenker Peter F. Drucker und Peter Paschek gaben 2004 ein Buch mit dem Titel *Kardinaltugenden effektiver Führung* heraus. Im Arbeitskreis einer betriebswirtschaftlichen Gesellschaft legte Edeltraud Günther, Professorin in Dresden, Gedanken zum Thema *Nachhaltigkeit bedeutet eine Umsetzung der Kardinaltugenden* vor. Doch die Kardinaltugenden sind nicht nur für Manager oder die ihnen sprachlich verwandten Kardinäle da. Als ethische Grundhaltungen sind sie gut und förderlich für alle.

Das Wort *Kardinaltugenden* kommt von lateinisch *cardo*, bedeutet *Tür-*, *Angel-* oder *Drehpunkt* und bezeichnet die vier Grundtugenden *Gerechtigkeit, Tapferkeit, Weisheit* und *Maß*. Im 4. Jahrhundert nannte sie der Kirchenlehrer Ambrosius von Mailand erstmals *Kardinaltugenden*. Aber schon der griechische Philosoph Platon (427–347 v. Chr.) lehrte eine Vierergruppe tugendhafter Grundeinstellungen. Bei den Römern war Cicero (106–43 v. Chr.) einer ihrer Vertreter und Vermittler. Auch im Judentum kennt man eine solche Vierergruppe. In den Evangelien Jesu kommen sie nicht vor, seine Ethik findet ihren dichtesten sprachlichen Ausdruck in den acht Seligpreisungen und der Bergpredigt insgesamt.

Die Kardinaltugenden sind »Bilder menschlichen Richtigseins«, wie Dietmar Mieth sie bezeichnet. Wir werden sie später noch im Einzelnen anschauen. Manchmal variiert die Reihenfolge, manchmal verlagert sich die Akzentuierung. Der deutsche Philosoph, Pädagoge und Psychologe Johann F. Herbart (1776–1841) stellt als Kardinaltugenden folgende Reihe auf: *Tapferkeit, Freiheit, Güte, Gerechtigkeit.*

Wie sehr es bei ihnen aber immer um ein Zusammenspiel verschiedener Haltungen in eine Richtung geht, lesen wir in einem Buch des Münsteraner Philosophen Josef Pieper (1904–1997), in dem frühere Traktate zu den Kardinaltugenden zusammen veröffentlicht wurden: *Das Viergespann.* Der Titel zeigt, wie diese Grundhaltungen, ähnlich den Pferden, die vor den Wagen, die antike Quadriga, gespannt wurden, von einem Lenker gelenkt laufen und eine ungeheuere Kraft entwickeln, die das Leben weit voranbringen kann.

12

Klugheit

Wer viel Wissen hat oder die Dinge schnell und schlau überblickt und sie zuordnen kann, ist der schon klug? Nein, Klugheit ist anders und wesentlich mehr. Intelligenz ohne Herz könnte auf ihrem Terrain nur hinken, Gefühl ohne Verstand und Verständigkeit sähe in ihrem Land nichts klar. Es braucht beide, dazu geduldiges, unbeirrtes Erfahren, Üben und Prüfen, ehe einer klug wird. Die Tugend der Klugheit wird keinem Menschen in der Wiege gelegt. Man muss sich um sie mühen wie der Held im Märchen, der die Königstochter gewinnen will und zuvor Aufgaben zu bewältigen hat. Aber sie zu gewinnen ist an jedem Ort, in jeder Lebensform, in jeder Haut immer möglich.

Klugheit ist nicht nur die erste der vier Kardinaltugenden. In seinem *Traktat über die Klugheit* schreibt Josef Pieper, sie sei »Ursache, Wurzel, Gebärerin, Maß, Richtschnur, Lenkerin und Formengrund aller sittlichen Tugenden, sie wirkt in allen, sie alle vollendend zu ihrem eigentlichen Wesen«. Einerseits ist sie immer bezogen auf Gott, seine Wahrheit, das Gute, die »unbedingten Gültigkeiten« (Romano Guardini). Andererseits ist sie bezogen auf Wirklichkeit und Situation. Klug ist, was der Wirklichkeit gemäß ist. Klugheit ist die Voraussetzung alles Guten und das Bemühen darum. Alles Wissen fließt in sie ein wie Bäche in einen Fluss.

Klugheit ist für ein verantwortliches Leben fundamental. Pieper weist darauf hin, dass alle übrigen Tugenden sich zuvor von der Klugheit »informieren« lassen müssen. Informieren heißt zum einen »unterrichten«, dann aber auch, angelehnt an das lateinische *informare*, »sich die innere Form geben lassen«. Und umgekehrt: »Alle Sünde ist gegen die Klugheit. Ein jeder, der sündigt, ist unklug.«

Von Klugheit geformt wird der Mensch fähig, Werte auf konkrete Situationen anzuwenden, das mögliche Gute zu tun und das mögliche Ungute zu lassen. Der Klugheit geht es um den Weg durch die Realität zum Ziel, das Gute und Wahre in allem. Und wo mir das Vollmaß der Klugheit noch abgeht, sollte ich immerhin wach und klug genug sein, mir guten Rat zu erfragen.

13

Gerechtigkeit

Das Leben ist nicht gerecht, das sehe ich jeden Tag. Es geht viel zu oft nicht gerecht zu in dieser Welt. Und auch wenn ich mit der amerikanischen Sängerin Tracy Chapman singe: »Lass dich nicht in Versuchung führen von dem glänzenden Apfel, hungere nur nach einem Hauch von Gerechtigkeit, hungere nur nach einer Welt der Wahrheit, denn alles, was du hast, ist deine Seele«, so gleiche ich doch einem, der im dunklen Wald singt, um den Mut zu behalten, wenn ihm bange ist.

»Barmherzigkeit ist leichter zu üben als Gerechtigkeit«, schreibt Sully Prudhomme (1839–1907), erster Träger des Nobelpreises für Literatur. Ja, es gibt viel Güte und Gutes in der Welt, aber allzu oft keine Gerechtigkeit. Hier aber geht es nicht um die Gerechtigkeit als Fakt, sondern als Tugend. Sie ist eine der großen Tugenden, der Kardinaltugenden!

Im Judentum ist sie eine wesentliche Eigenschaft Gottes. Gott ist seinem Wesen schuldig, dass er gerecht ist und letztlich alles und alle neu richten wird.

Der katholische Theologe Erich Zenger sagt dazu: »Kontext für die Vorstellung von Gerechtigkeit in der Bibel ist Schöpfung, ist Gottes Liebe, Güte, Treue, Barmherzigkeit zur Verankerung von Gerechtigkeit in der Gemeinschaft, die sich zu ihm bekennt. Die Botschaft von der Gerechtigkeit Gottes im Alten Testament ist wie die Botschaft Jesu vom Gottesreich im Neuen Testament. Sie ist Evangelium, Frohbotschaft. Ohne Gerechtigkeit gibt es keine Stabilität der Schöpfung: Das ist die kosmische Dimension. Ohne die Sorge um Witwen und Waisen gibt es keine Gerechtigkeit: Das ist die mitmenschliche Dimension. Wenn eine Seite fehlt, führt das zum Chaos zurück.«

Überall gibt es schon Gerechte, die sich von Gott haben ergreifen lassen. Welch ein Unterschied zu den Gewalttätigen: Sie verschaffen sich nicht selbst ihr Recht, indem sie dreinschlagen und zerstören, sondern Gottes Gerechtigkeit die Tür öffnen, ihr Raum geben und seiner Ordnung in jedem Fall und auch den Zweifelsfällen zu folgen suchen. Sie leben in allem auf seine Gerechtigkeit hin – und halten die Spannung und das Ungelöste aus.

14

Das rechte Maß

In allen möglichen Bereichen des Lebens gilt: Immer, wenn etwas gelingen soll, braucht es das rechte Maß. Ob es um die Entwicklung eines Kindes, die Leitung einer Gruppe oder eines Betriebs, die Politik, die Pflege eines Kranken oder um einen Kuchen geht, den jemand backen will: Ohne ein rechtes Maß der Zutaten wird da nichts gut.

Die Tugend des Maßes und die dazugehörige Mäßigung sind Teil der vier Kardinaltugenden, den Dreh und Angelpunkten einer guten Lebensführung. Im Lateinischen spricht man von *temperantia*. Aber die gemeinte Mäßigung besitzt keineswegs die Temperiertheit irgendeiner Mittelmäßigkeit. Auch wenn diese Tugend ein stilles Wesen hat – wie im Übrigen die meisten lebendigen Tugenden –, braucht es dazu doch Kraft und Leidenschaft. Mittelmäßig ist das Bemühen um das Angemessene, soweit ich sehe, nie.

Soll das Leben gesund wachsen und gelingen, schadet die dauernde Unterforderung ebenso wie die dauernde Überforderung. Ohne die immer neue Unterscheidung, was denn als Maß angemessen ist, kommt kein Mensch aus. Zu wenig Liebe, zu viel Liebe, zu wenig Frustration, zu viel Frustration, zu wenig oder zu viel Sonne, Wind oder Regen – vom Besten und Kostbarsten zu viel wäre in jedem Fall auch zu viel.

Wie lerne ich das rechte Maß in all den Variationen des täglichen Lebens und den wechselnden Phasen des menschlichen Reifens? Das lerne ich am ehesten, indem ich immer wieder die Unterscheidung übe, wie zum Beispiel die einzelne Stimme in einer Gruppe, einem Musikstück oder im eigenen Herzen zu hören. Indem ich Grenzen erprobe und Grenzen respektiere, zum Beispiel in Tonart und Sprache, Essen und Trinken. Ich lerne es, indem ich mich an Gottes Gebot ausrichte und im je aktuellen Kontext meines Lebens und der eigenen Wirklichkeit, die ich zu bestehen und zu gestalten habe, an ihnen selbst Maß nehme. So hat das Leben eine Chance zu gelingen und durch mich so wenig wie möglich gehindert und verbogen zu werden.

15

Tapferkeit

Kurz und bündig weiß es mein Wörterbuch: Tapfer ist, wer »sich furchtlos und zum Widerstand bereit mit Gefahren auseinandersetzt«, wer sich beherrschen und mutig sein kann und nicht wehleidig klagt. In zwei 20-bändigen Lexika habe ich nachgeschlagen. Das Wort *Tapferkeit* fand sich in keinem. Eines nannte immerhin den *Mut*, den man dafür braucht. Im andern war auch der nicht zu finden. Da gab es nur die *Zivilcourage*, die schwach erklärt wurde als »Mut, unerschrocken seine eigene Meinung zu vertreten«.

Mir fiel ein Slogan ein, mit dem in Köln Stadt und Polizei seit 1999 eine Kampagne gegen Wegsehen, Gleichgültigkeit und Ignoranz führen, bei der die Stadtbevölkerung mit aktiv wird: *Kölner lassen keinen allein. – Hinsehen. Handeln. Hilfe holen.*

Die Tapferkeit gehört zu den Kardinaltugenden, diesen zentralen Haltungen, an denen wie an Türangeln vieles mehr hängt. Der christliche Philosoph Josef Pieper schrieb über sie ein Traktat mit dem Titel *Vom Sinn der Tapferkeit.* Er sagt, der Tapfere verachte nicht das Leben, er suche auch nicht die Gelegenheiten, aber er weiche dem Konflikt im Ernstfall nicht aus. Er weiß, das Gute setzt sich nicht von selber durch, sondern braucht tapferen Einsatz. Nur wer klug ist, kann überhaupt tapfer sein. Tapferkeit ist kein Draufgängertum, ebenso wenig ist sie dasselbe wir Furchtlosigkeit. Tapferkeit bewahrt den Menschen davor, das Leben in einer Weise zu lieben, dass er es verliert.

Es gibt sie nur, wo es Verwundbarkeit gibt, immer steht sie irgendwie im Angesicht des möglichen Todes und des Verlusts. Ihr Eigentliches ist mehr das Standhalten als der Angriff, doch sie ist nicht passiv, sondern höchst vital. Ohne Geduld ist sie nicht lebbar. Jeder weiß, Geduld gehört mit zu den schwierigsten Formen aktiv zu sein. In ihr ist die Geduld gepaart mit Hoffnung, Einsatzbereitschaft und mutigem Selbstvertrauen, das vom Guten nicht lässt, vom Mainstream nicht weggeschwemmt wird, vorgebliche Zwänge nicht anerkennt und sich nicht den falschen Göttern beugt. Tapferkeit ist hoch aktuell.

16

Die Bewegung der Umkehr

Wir sind so oft nicht da, wo wir sind, verlieren uns unruhig in vielen Dingen, sind nicht bei uns und in dem, was gerade ansteht und geschieht. Ein Meister des geistlichen Lebens aus dem fernen Osten wurde einmal gefragt, wie er es fertigbringe, in allen Situationen die Ruhe zu bewahren und innerlich gesammelt zu bleiben. Er antwortete: »Wenn ich sitze, sitze ich, wenn ich stehe, stehe ich, wenn ich gehe, gehe ich.« Da sagten die, die ihn gefragt hatten: »Daran kann es doch nicht liegen, das tun wir doch auch.« Und er antwortete ihnen: »Nein, das tut ihr nicht. Wenn ihr sitzt, dann steht ihr schon, wenn ihr steht, dann geht ihr schon, wenn ihr geht, dann seid ihr schon am Ziel.«

Der Kirchenvater Augustinus schreibt in seinen *Bekenntnissen*: »Wo war ich, als ich dich suchte? Du standest doch vor mir; ich aber war auch von mir weggegangen und fand nicht einmal mehr mich, geschweige denn dich.«

Wir müssen und können umkehren, immer wieder aus allen Flüchtigkeiten und Abkehrungen umkehren, zurückkehren in Gottes und in unsere Gegenwart. Die existenzielle Bewegung der Umkehr gehört zu den Grundbewegungen des Christentums. Beginnt doch die Jesuspredigt im Markusevangelium gerade damit: »Die Zeit ist erfüllt, das Reich Gottes ist nahe. Kehrt um und glaubt an das Evangelium« (Markus 1,14–15). Umkehr ist eine Grundbewegung und Alltagsbewegung für Christen, auch wenn viele unter uns das heute womöglich nicht mehr so präsent haben.

Vielleicht können wir heute damit beginnen, dass wir nach Gott Ausschau halten und uns dahin wenden, dahin umkehren, wo er ankommen könnte. Mit dieser Erwartung und Bereitschaft ist es leichter, sich in die Haltung der Umkehr einzuüben. Madeleine Delbrêl (1904–1964) schrieb einmal: »Wenn es dir möglich ist, erneuere ihm in jedem Augenblick deine Bereitschaft, ihn empfangen zu wollen. Höre in dem, was andere dir sagen, das heraus, was er dir um zwei, um vier oder um sechs Uhr sagen will. Denn in diesen Augenblicken will er dir nicht noch etwas anderes sagen.«

17

Gehorsam

Kadaver können nicht mehr gehorchen. Kadavergehorsam ist kein Gehorsam, sondern leblos. Gehorsam aber ist ein höchst lebendiges Geschehen. Da kann einer wach hören und kann lebendig reagieren und antworten auf das, was er gehört hat. Und das ist keine Frage des Alters oder der Lebensphase.

Der biblische Stammvater Abraham war noch im hohen Alter beweglich und gehorsam genug, um auf Gottes Ruf und Verheißung hin aufzubrechen in Neuland. Das Mädchen Maria war schon jung fähig, auf Gottes Ruf ihre Antwort und ihr »Ja« zu sagen, dem wir soviel verdanken, das menschliche Ja zum Erlösungswerk Gottes.

Nun ist aber längst nicht jeder Gehorsam gut. Und dem Falschen gehorchen ist genau das Gegenteil von Tugend. Die deutsche Geschichte bietet, wie vermutlich jede Geschichte irgendwie, mehr als genug Beispiele dafür. Der gehorsame Mensch kann »Ja« sagen, er kann aber auch zu vielem »Nein« sagen. Beides lernt man beim Gehorchen.

Manche gehorchen aus Angst, manche aus Bequemlichkeit, manche einfach dem, den sie für stärker halten. Das alles sind keine guten Motive, dieser Gehorsam ist nicht kostbar. Nur wer frei ist, kann gut gehorchen. Darum muss, wer den guten Gehorsam fördern will, den Menschen helfen frei, und das heißt meistens: freier zu werden. Denn wo immer einer unfrei ist, kann er nicht gehorchen, wie die christliche Lehre das vertritt. Auch wer nicht über das eigene Begehren hinausfindet ist unfrei und kann nicht gehorsam sein, wie es dem Leben dient.

Der Gehorsame kann sich einordnen, er kann etwas tun oder etwas lassen. Er kann sich beugen ohne sich zu verbiegen, ohne Verrenkungen. Nicht von ungefähr gehört der Gehorsam zu den Gelübden, die Ordensleute bei ihrer Profess versprechen.

Gehorsam ist heute in unserer gesellschaftlichen Wirklichkeit kein beliebtes Wort. Was Zerrformen des Gehorsams angeht, ist es in Ordnung, sie mit einem inneren Minuszeichen zu versehen. Aufs Ganze gesehen ist das aber ein Verlust. Wir sollten neu hinschauen und uns den Gehorsam nicht entgehen lassen.

18

Verwurzelte Beständigkeit

Von Kindesbeinen an waren mir die Bäume lieb. Vielleicht weil sie stehen blieben, egal von welcher Seite ich auf sie zukam, weil sie es still zuließen, wenn ich mich mal an sie anlehnte oder in sie hineinkletterte. Durch alle Wetter wachsen sie scheinbar unbeirrt und langsam weiter. Im Boden verwurzelt lassen sie den Wind eines jeden Tages durch ihr Geäst ziehen und manchmal darin spielen. Und aus dem Holz, das so hart aussieht, sprießen jedes Frühjahr neu die zartesten Blüten, wachsen allerlei saftige, süße Früchte. Bäume sind stabil, Bäume sind beständig.

Stabilität und Beständigkeit sind Werte, nach denen sich heute in unserer so bewegten Welt viele Menschen sehnen, auch wenn unübersehbar ist, dass viele Menschen sie aus vielerlei Gründen nur wenig leben. Die Gründe sind vielfältig, aber die allgemeine Tendenz ist ganz deutlich.

Bei den Ordensgelübden, die Benediktiner und Benediktinerinnen bei ihrer Profess ablegen – Gehorsam, *Stabilitas* und klösterlicher Lebenswandel – steht die *Stabilitas* in der Mitte zwischen den beiden anderen. Was sie alles bedeutet ist mehr, als hier in wenigen Worten gesagt werden kann. Sie beinhaltet das Bleiben in einer Gemeinschaft, in einem Kloster, beinhaltet zutiefst das Bleiben in einer Beziehung zu Christus und einer Bewegung, die in allem um Treue bemüht ist. Sie ist, wie eine Schwester es einmal ausdrückte, eine verwurzelte Beweglichkeit.

Eine verwurzelte Beweglichkeit, wie sie uns die Bäume so anschaulich machen, wie sie aber für mehr als das Leben der Bäume gilt: Nur wer verwurzelt ist in Erde und Leben, kann wachsen, durch alle Jahre und alle Wetter und Geschehnisse hindurch weiterwachsen. Nur wer verwurzelt ist, irgendwo einen solchen Grund und Halt hat, bleibt im guten Sinn lebendig und beweglich. Ohne Halt und Wurzeln treibt einen jeder Wind davon, wird alles zum Spielball der Kräfte und hin und her geworfen. Wer verwurzelt ist, hat genug Halt und eigenen Stand, um den Wind zuzulassen, egal aus welcher Richtung er gerade kommt.

19

Keuschheit

Benedict J. Groeschel veröffentlichte 1985 in New York ein Buch mit dem Titel *The Courage to Be Chaste – Der Mut keusch zu sein.* Jemand riet mir, ich solle in diesem Text statt von *Keuschheit* von *Ledigsein* sprechen, das wäre heute deutlicher. Auch das Wort *Ehelosigkeit* wurde alternativ vorgeschlagen. Aber ich habe mich entschieden, von der Tugend der Keuschheit zu reden, die, wenn ihr auch Verzicht und manche »-losigkeit« zugehört, doch mehr ist als dies. Sie ist eine Art guten Umgehens mit sich selbst und in Bezug auf andere. Sie bezieht alle Sinne ein: Sehen, Hören, Schmecken und Berühren.

Im *Katechismus der Katholischen Kirche* (1992) wird sie von der Kardinaltugend der Mäßigung abgeleitet. Sie bezieht alle Lebensformen ein, die ehelos Lebenden, ob alleinlebend oder in Gemeinschaften, aber auch die Verheirateten.

Im Sprachgebrauch unserer Gesellschaft gehört die Keuschheit zu den ungebrauchten Wörtern, aber keine Gesellschaft, egal wann und wo, konnte und kann gedeihen ohne sie. Und in vielen Religionen kommt sie vor als religiöses Gebot.

Martin Luther bezeichnet sie in seiner Evangelienauslegung als die »Haupttugend des Evangeliums«. Der keusch gewordene Mensch hat es gelernt, all sein Begehren und seine verschiedenen Bestrebungen in seine Person zu integrieren, ohne ihr Spielball zu sein. Er ist frei geworden und fähig, verantwortlich mit seinen Kräften umzugehen. Er hat ein Gespür für das, was man nicht antasten darf. Das gilt für die äußere wie innere Lebenswirklichkeit. Keuschheit bezieht sich nicht nur, wie das bisweilen falsch verstanden wurde, auf die Sexualität, auch wenn diese ein besonderes Lernfeld darstellt, weil uns da die vitalen Kräfte besonders auffallen.

Das Gegenteil der Keuschheit ist dementsprechend nicht nur die Unkeuschheit in der Sexualität, sondern jede Schamlosigkeit, egal in welcher Spielart sie sich aufspielt. Es lohnt sich darüber nachzudenken, was ich von der Keuschheit weiß, und mich dann in diese gute Richtung weiterzubewegen durch alle Landschaften des Lebens.

20

Armut – Das Nicht-Besitzen

Armut an sich ist nichts Lobenswertes – ein Blick in die Welt genügt, um das zu erkennen. Und dennoch gehört die Armut für viele Ordensleute zu den drei Gelübden, mit denen sie ihre Hingabe an Gott und ihre Lebensform geloben. Es geht bei dieser Armut nicht darum, nichts zu haben oder zu gebrauchen, sondern in all dem frei zu bleiben von der Haltung des Besitzens, mag es sich um Güter, Beziehungen oder was auch immer drehen, und so das Leben mit anderen zu teilen.

Paulus schreibt: »Denn ihr wisst, was Jesus Christus, unser Herr, in seiner Liebe getan hat: Er, der reich war, wurde euretwegen arm, um euch durch seine Armut reich zu machen.« (2 Korinther 8,9)

Den Korinthern, die er um Hilfe für andere Gemeinden gebeten hat, schreibt er: »Es geht nicht darum, dass ihr in Not geratet, indem ihr anderen helft; es geht um einen Ausgleich. Im Augenblick soll euer Überfluss ihrem Mangel abhelfen, damit auch ihr Überfluss einmal eurem Mangel abhilft. So soll ein

Ausgleich entstehen, wie es in der Schrift heißt: Wer viel gesammelt hatte, hatte nicht zu viel, und wer wenig, hatte nicht zu wenig.« (2 Korinther 8,13–15)

Im Blick auf sich schreibt er an die Philipper: »Ich weiß Entbehrungen zu ertragen, ich kann im Überfluss leben. In jedes und alles bin ich eingeweiht: in Sattsein und Hungern, Überfluss und Entbehrung. Alles vermag ich durch ihn, der mir Kraft gibt.« (Philipper 4,12–13)

Wie kann man innerlich frei bleiben und leben, ohne am Besitz zu haften? Paulus schreibt: »Die Zeit ist kurz. Daher soll, wer eine Frau hat, sich in Zukunft so verhalten, als habe er keine, wer weint, als weine er nicht, wer sich freut, als freue er sich nicht, wer kauft, als würde er nicht Eigentümer, wer sich die Welt zunutze macht, als nutze er sie nicht; denn die Gestalt dieser Welt vergeht.« (1 Korinther 7,29–31)

Ohne die Grundspannung aufzulösen, wäre es nicht schlecht, wenn ich einmal ruhig meine Art zu besitzen und meine Abhängigkeiten anschauen und mich fragen würde, wie es wäre, wenn ich weniger besetzt wäre von dem, was in meinen Händen liegt.

21

Schweigen

Schweigen zu können, das ist zweifellos eine Tugend. Aber nicht immer und von vornherein. Wie ist das denn: Was suchen wir, wenn wir Schweigen suchen? Welche Erfahrungen verbinden sich mit dem Schweigen für uns?

Es gibt das *kalte, abweisende Schweigen*, das mit dem anderen nicht reden will, sich verschließt. Es gibt das Schweigen, das als *Zwang* empfunden wird, weil einem der Mund verboten wurde, in dem Wut und Aggressionen brodeln. Es gibt *ängstliches* oder *feiges Schweigen*, wenn man für Recht und Gerechtigkeit, für die Würde, das Ansehen eines anderen eintreten müsste. Es gibt das *arrogante Schweigen*, das sich selbst für zu gut und den anderen für zu unbedeutend hält, um mit ihm zu reden. Es gibt Schweigen in einer Gruppe, *wenn man sich einander nichts mehr zu sagen hat*. Die Reihe ließe sich beliebig fortsetzen. Die Qualität eines Schweigens wird aus den Adjektiven ersichtlich, die man dem Schweigen beigeben kann: tief, aufmerksam, andächtig, erwartungsvoll, ehrfürchtig, eisig, ergriffen, feindselig, höflich, lastend, nachdenklich, peinlich, verächtlich, verlegen ...

Gut zu schweigen ist keine geringere Kunst als gut zu reden. Es gibt zwar viele Sprachschulen, wo und wie aber kann ein Mensch das Schweigen lernen? Gut zu schweigen kann man nur aus einem inneren Vermögen, aus einer inneren Freiheit heraus lernen. Zum guten Schweigen gehören Sammlung, Offenheit, Mut, sich selbst loszulassen und anderen Raum zu geben, sie da sein zu lassen und für sie da zu sein, Gott und Mensch. Ohne ein solches Schweigen bleibt keine Beziehung lebendig.

Das gilt auch fürs Gebet. Sören Kierkegaard (1813–1855) schrieb einmal: »Allmählich, wie er innerlicher wurde im Gebet, hatte er weniger und weniger zu sagen, und zuletzt verstummte er ganz. Er ward ein Hörender. Er hatte gemeint, Beten sei Reden; er lernte: Beten ist nicht bloß Schweigen, sondern ist Hören. Beten heißt nicht, sich selber reden hören, sondern heißt dahin kommen, dass man schweigt, und im Schweigen verharrt, und zu harren, bis der Betende Gott hört.«

22

Die Tugend guter Rede

Wenn ich »gute Rede« sage, dann meine ich keine Rhetorik oder sprachliche Geschliffenheit, auch nichts bloß Schönes oder gar Nettes, sondern die guten Worte, die freundlich sind und aufbauend für das Leben, dem sie gesagt werden.

Zwei lateinische Worte machen deutlich, worum es geht. *Benedicere* heißt *gut reden* und bedeutet *segnen. Maledicere* heißt *schlecht reden* und bedeutet *fluchen.* Mit dem, was ich sage und wie ich es sage, beeinflusse ich die Atmosphäre in mir und um mich herum. Jeder kennt das und weiß, wie viel das ausmacht im Leben.

Mit der guten Rede ist es wie mit allen Tugenden: Es ist eine Entscheidung und dann eine Tat, die ich einübe. Wie viel wäre schon gewonnen, wenn einer heute keine schlechte Rede, kein übles Wort über jemanden und zu jemandem sagen würde. Noch mehr wäre zu gewinnen, wenn einer heute mehrmals – so wie man etwa bei Halsschmerzen mehrmals am Tag Lutschtabletten nimmt oder Tee trinkt – ein gutes Wort sagen würde. (Das alles gilt auch schon für die Gedanken.)

Es ist aufschlussreich, wenn ich mein Reden am Ende eines Tages Revue passieren lasse, wahrnehme, was und wie viel an negativen Worten war und was und wie viel an positiven Worten. Oft sind schlechte Worte auch gedankenlos, achtlos gesagte Worte. Achtlos tut nie gut, weder in Gedanken noch in Worten noch in Werken.

Aber wie vermeide ich schlechte Rede? Indem ich sie identifiziere, wenn sie aufsteigt, und – ohne ihr Dasein zu ignorieren – aufhöre damit. Ich kann immer wieder aufhören, so oft es nötig wird. Natürlich kann ich das, wenn ich will. Und wie übe ich gute Rede? Indem ich aufmerksam bin für das Gute und, wo es passt, ausspreche, was sich davon zeigt und sagen lässt.

In seiner Ordensregel schreibt Benedikt von Nursia über den Verwalter des Klosters: Wenn er einem, der um etwas bittet, das Erbetene nicht geben kann, dann gebe er ihm wenigstens ein gutes Wort. (RB 31,13) Solche Worte sind nie billig, nie banal. Aber meistens sind gute Worte einfache Worte.

23

Die Werkzeuge der geistlichen Kunst

Innere Haltung, die Ausrichtung des Lebens, aktive und geduldige Einübung gehören unverzichtbar zu allem, was man nur Tugend nennen kann. Sie werden keinem in die Wiege gelegt, sie fallen keinem in den Schoß, sondern sie sind wie die Früchte eines Ackers, den man pflegt, um sie ernten und heimbringen zu können. Da lohnt es sich, auf ein Kapitel der alten Mönchsregel des Benedikt von Nursia hinzuweisen. Er hat dieses Kapitel großteils übernommen, ursprünglich war es eine altkirchliche Moralkatechese für Laien. Darin gibt er seinen Schülern 74 Werkzeuge an die Hand, die für die geistliche Kunst, für ein christliches Leben hilfreich sind. Um wenigstens einige davon als Beispiel zu nennen:

Alle Menschen ehren. (RB 4,8)

Der Liebe zu Christus nichts vorziehen. (RB 4,21)

Davon überzeugt sein, dass Gott überall auf uns schaut. (RB 4,49)

Schlechtes Reden vermeiden. (RB 4,51)

An Gottes Barmherzigkeit niemals verzweifeln. (RB 4,74)

Da gibt es Sätze über das, was ich lassen kann, und über das, was ich positiv einüben kann, Worte aus der Heiligen Schrift und andere aus der spirituellen, asketischen Tradition. Die 74 Merksätze sind wie die Werkzeuge in einem geistlichen Werkzeugkoffer. Jedes ist kostbar, jedes taugt für etwas. Aber keines taugt in jeder Situation. Da muss man unterscheiden lernen, wie bei anderem Werkzeug auch. Wer würde schon mit einer Säge einen Nagel einschlagen wollen? Aber auch, wenn nicht alle für alles gut sind, lohnt es sich, alle im Koffer zu haben. Benedikt gibt sie alle den Mönchen aus gutem Grund an die Hand. Aber wenn er sie auch alle an die Hand gibt, so doch nicht alle gleichzeitig. Wer zuviel auf einmal in die Hand nimmt, dem fällt alles aus der Hand. Mal gilt es mehr das eine, mal mehr das andere einzuüben. Mit der Zeit bekommt man Übung, mit der Zeit sammelt man Erfahrungen. Ich bin jedenfalls froh und dankbar, diesen Koffer mit den Werkzeugen der geistlichen Kunst im Reisegepäck für mein Leben dabei zu haben.

24

Geistesgegenwart

Kaum einer wird bezweifeln, dass Geistesgegenwart wichtig ist in allen möglichen Augenblicken und Zusammenhängen. Ich glaube nicht nur, dass sie wichtig ist, sondern auch, dass jeder Mensch sie lernen und üben kann. Sie ist eine Tugend, zu der Gott uns schon die nötigen Gaben, die es dazu braucht, geschenkt hat: seine Gegenwart und unsere Gegenwart. Wir leben oft, als wäre das nichts, leben, als müssten wir alleine zurechtkommen mit den Aufgaben und Herausforderungen des Tages. Aber dem ist nicht so. Wir sind nur zu wenig eingeübt in ein geistesgegenwärtiges Leben. Aber selbst wo das so ist, muss es ja nicht so bleiben. Der Mensch kann in jedem Alter weiterlernen, bis zum letzten Atemzug. Schauen wir hin!

Gott ist immer gegenwärtig. Aus seinem Himmel schaut er auf uns. In seiner Liebe umgibt er uns ganz und gar und überall. Er wohnt in unserem Innern wie in einem Haus, in dessen innerster Kammer, in die wir selbst vielleicht selten hineingehen. Teresa von Ávila sagt, er wohne im innersten Gemach der Seelenburg.

Paulus spricht vom Tempel Gottes, der wir sind, zu dem unser Leben in der Taufe geworden ist. Aber wir hausen in diesem Tempel oft wie in einer Markthalle, handeln, wechseln, kaufen und verkaufen und lassen die Liebe verkommen. Oder noch einmal anders: Gott ist in unserem Haus gegenwärtig, aber wir sind nicht dort, unser Denken und Fühlen und Wollen zerstreut sich in den Gassen des Vordergrunds. Wir müssen nach Hause kommen, zu uns selbst, in unsere wirkliche Gegenwart.

Dort kann dann werden, was dem Leben jedes Menschen und jeder Gemeinschaft heute so Not täte: dass wir wieder geistesgegenwärtig werden, auf den Heiligen Geist in uns und um uns hören und schlicht und geistesgegenwärtig reagieren auf das, was ansteht, auf die, die durch unsere Tür kommen, auf das, was gefragt ist an diesem konkreten Tag, in dieser uns gegebenen Zeit, die Gott uns an einem Ort dieser Erde anvertraut, dass wir sie gut und gern, wach und geistesgegenwärtig leben.

25

Die Spur der Freude

Welchen Spuren folge ich in meinem Leben? Die Spur der Katastrophen in unserer Biographie und Geschichte wird oft am stärksten wahr- und wichtiggenommen. Andere Spuren sind aber ebenso lebenswichtig.

Freude ist lebenswichtig: Freude als Geschenk Gottes. Freude als Teil von Schöpfung und Kirche. Freude als personales Geschehen. Freude als Teil und Vollzug eines lebendigen Glaubens. Sie prägt unser Wesen. Und auch wenn sie oft ein unverfügbares Geschenk ist, bleibt unser Teil – und das gehört eben zum Bereich der Tugend –, dass wir sie nicht nur flüchtig erleben oder hungrig besitzen wollen, sondern wahrnehmen und pflegen, dass wir sie hüten, ohne uns an ihr festzuklammern, dass wir ihr auf der Spur bleiben, ohne sie erjagen zu wollen.

Die Spur der Freude ist eine lebenswichtige Spur. Unsere Freude, die nach Jesu Worten in Verbundenheit mit seiner Freude vollkommen werden soll (vgl. Johannes 15,11), kommt nicht mit einem Schlag irgendwann fremd in unser Leben hineinspaziert. Es lohnt sich, den eigenen Lebenslauf anzuschauen, wo er vom Erleben und Empfinden tiefer, heller Freude geprägt war. Spuren davon werden sich in allen Lebensphasen finden. Wo war das, als ich so tief froh war, und was war es, das mich so froh werden ließ? Es sind immer Momente, in denen wir ganz einverstanden waren. Diese Momente sollen mir nicht in Vergessenheit geraten oder in der Zerstreuung untergehen.

Wir können sie wie Punkte auf einer Landkarte mit einer Linie verbinden und uns davon in eine Richtung weisen lassen, in die wir weiter gehen sollten, um immer mehr zu entdecken und zu verstehen, was sich da abzeichnet. Die Spur der Freude ist der menschliche Boden, die Furche, in die Gott seine überfließende Freude gießt, durch die allein unsere Freude vollkommene Freude werden kann. Nicht vollkommen in dem Sinn, dass es daneben nichts anderes mehr gäbe – gerade die Freude wird sich von vielem auch ganz anderem berühren lassen, denn unberührte Freude habe ich noch nie gesehen –, aber doch so, dass sie nichts und niemand mehr wegnehmen kann.

26

Sammlung

Es ist keine Kleinigkeit, bei sich zu bleiben. Das war es nie. In unserer Zeit, in der man sich durch hunderte von Fernsehkanälen zappen oder stundenlang im Internet surfen kann, in der Menschen einer Flut von Eindrücken ausgeliefert sind, ist es noch schwerer geworden, zu sich zu kommen. Doch wer nicht lernt, bei sich selbst zu stehen und zu bleiben, verpasst das eigene Leben und verfehlt seine eigene Tiefe und Seele und verfehlt Gott, der dort auf ihn wartet.

Benedikt von Nursia schreibt in seiner Mönchsregel, dass das Herumschweifen nicht guttue (RB 67). Mechtilde de Bar (1614–1698) sagt: »Bleiben Sie bei sich, denn dort sind Sie selten. Sie sind unstet. Sie suchen und ersehnen etwas, ohne zu wissen, was. Wenn man Ihnen jede Stunde einen Besuch machen würde, träfe man Sie kaum Zuhause an. Mühen Sie sich, nicht herumzuvagabundieren. Wenn Sie sich darum bemühen, wird Gott Ihnen viele Gnaden schenken.«

Romano Guardini schreibt in seinem Buch *Tugenden. Meditationen über Gestalten sittlichen Lebens*: »Immerzu will der Mensch gehen, reden, hören, mitmachen. Immerzu soll etwas geschehen. Wer erkannt hat, welch kostbares Gut es ist, gesammelt zu sein, muss das zu überwinden suchen. [...] Zugleich muss aber auch das Positive geschehen: das Standfassen in der inneren Welt, das Zu-sich-kommen. [...] Denn Zerstreuung, das beständige Draußen-sein macht ja doch leer. Wenn man sich vorzustellen sucht, wohin diese zerfahrene Lebensweise treiben werde, dann kommt man auf den Gedanken, das Ende werde eine rettungslose Langeweile sein, unterbrochen durch Ausbrüche verzweifelter Ungeduld. [...] Also muss man sich dem entgegenstellen, um des Lebens willen, damit es Sinn behalte.«

Für Israel war es die große Verheißung Jahwes, dass er selbst die Zerstreuten Israels sammeln und heimführen werde. Im Matthäusevangelium ruft Jesus: »Wie oft wollte ich deine Kinder um mich sammeln, wie eine Henne ihre Kücken unter ihre Flügel nimmt; aber ihr habt nicht gewollt.« (Matthäus 23,37) Gott will uns sammeln, aber sein Wille ist kein Zwang, sondern Einladung: Er will angenommen werden.

27

Die Chance der Ehrfurcht

Die Ehrfurcht gehört zu den leisen Tugenden, man hört sie nicht, sie macht nicht von sich reden, man sieht sie kaum direkt. Aber sie wirkt sich in allem aus. Zur Ehrfurcht gehört wesentlich das Gespür für die Unantastbarkeit und Heiligkeit des Lebens, sei es am Anfang, sei es am Ende, in all den möglichen Räumen, die sich dazwischen auftun, oder in all den inneren oder äußeren Landschaften, durch die man ein Leben lang wandert und seinen Weg sucht. Ehrfurcht bezieht sich auf den Kern des Lebens und ist dabei äußerst praxisbezogen und konkret. Der aufrichtige Respekt vor der Person des anderen, vor jeder anderen Person, speist sich aus ihrer Quelle, wie es auch die Fairness im Umgang miteinander – personal, politisch und ökonomisch – tut. Heutige Formen des weltweiten Fairhandels oder auch die verschiedensten Initiativen zum Schutz der Umwelt, beispielsweise der Meere oder des Regenwalds, wären ohne sie undenkbar und nie Realität geworden.

Im persönlichen Bereich wachsen Aufmerksamkeit, Behutsamkeit, Höflichkeit, Hilfsbereitschaft auf ihrem Boden. Ehrfurcht ist zwar immer praxisbezogen, aber nie nur pragmatisch. Sie lebt aus dem Sinn für das Heilige, dessen Spuren jedes Leben trägt.

Es sieht manchmal so aus, als ob die Tugend der Ehrfurcht im Wertebewusstsein heute keine Hochkonjunktur habe. So vieles in Gesellschaft, Politik, Wirtschaft spielt sich anders ab und folgt ganz anderen Maßgaben, orientiert sich gewissenlos an kurzfristigem Nutzen und kurzlebigen Gewinnen, egal zu wessen Lasten. Andererseits ist die Ehrfurcht auch heute lebendig in zahllosen Weisen des Miteinanders, vielen Initiativen und konkreten Projekten, wer wüsste das nicht.

Die Möglichkeiten zur Ehrfurcht (wie zur Ehrfurchtslosigkeit) liegen in jedem Menschen. Das ist unsere bleibende Chance – auch wenn wir, was zum Beispiel Ökonomie und Medien betrifft, längst in unselige, verschuldende Zusammenhänge verstrickt sind.

28

Absichtslosigkeit

Absichtslosigkeit ist alles andere als Gleichgültigkeit oder Desinteresse oder die Unfähigkeit, etwas zu fühlen und zu wünschen. Wo sie im Lebensraum eines Menschen lebendig ist, bedeutet das kein Minuszeichen, sondern ein großes Plus für den Menschen selbst wie auch für seine Mitmenschen. Wohl ist es wichtig, wollen zu können und gut wollen zu lernen – doch nicht immer und nie ausschließlich.

In einer Zeit, in der soviel Wert auf Effizienz gelegt wird – und das hat ja auch gute Gründe –, ist es wichtig, den Wert der Absichtslosigkeit zu nennen und die Tugend der Absichtslosigkeit bewusst zu pflegen.

Zur Absichtslosigkeit gehört eine Stille und Weite, die jedem Begegnen, jedem Hören und jedem Schauen guttut. Jeder weiß, wie froh es machen kann, wenn uns ein Mensch absichtslos gegenüber steht, ohne Plan und Wollen, ohne Ergebnis- und Erfolgszwang, einfach nur so.

Das sind Momente, die kostbar sind. Wenn sie nicht geschehen bei allem, was wir sonst zu tun und zu arbeiten haben, wird das Leben eng und über kurz oder lang atemlos, traurig und leer.

Absichtslosigkeit kann man nicht erlernen, indem man sie sich erarbeitet. Man kann sie aber lernen, indem man sie pflegt und sie zu schätzen weiß. Das könnte damit anfangen, dass wir wahrnehmen, wo sie ist, sie gern haben, wenn wir sie sehen, und ihr freundlich begegnen, wenn sie uns – mitten im Betrieb des Tages oder an einer einsamen Stelle unseres Lebens – anschaut.

Vielleicht könnten das ein paar Hilfen sein, sie besser zu pflegen:

- sie zu bejahen und froh zu schätzen
- sie nicht zu übersehen und zu ignorieren
- sie nicht hektisch oder auch voll zielstrebig über den Haufen zu rennen
- ihr jeden Tag ein paar Augenblicke zu schenken
- jeden Tag für sie dankbar zu sein.

Absichtslosigkeit steht nicht im Gegensatz zu den Aufgaben, die wir zu erfüllen haben, zu der Verantwortung, die wir tragen für uns und andere. Aber sie fügt all dem etwas Wichtiges hinzu, ohne dass ein Leben grau, schal und unfrei würde. Sie zu vergessen, wäre wirklich zu schade.

29

Ehrlichkeit

Hin und wieder und unausweichlich kommt jeder Mensch an einen Punkt, an dem er sich – sei es über sich selbst, sei es über eine Situation – nichts mehr vormachen kann. Viele laufen dann davon, fliehen in das Flachland der Abwechslungen oder die unechten Höhenlandschaften von allerlei Aufgeblasenheit. Wer das aber nicht tut, dem kann eine solche Situation zur Sternstunde werden, zur Gnadenstunde, in der die Tugend der Ehrlichkeit sich ins eigene Lebensland eingraben und in dieser Tiefe starke Wurzeln treiben kann, um zu wachsen und ihre guten Früchte ins Leben einzubringen.

Die Ehrlichkeit richtet den Blick in drei Richtungen. Es ist die Ehrlichkeit sich selbst gegenüber, den Menschen gegenüber, mit denen man das Leben teilt, und Gott gegenüber. Praktisch ist sie nicht teilbar, als ob man sie nur auf einer Ebene pflegen könnte, aber immer fängt es an mit der Ehrlichkeit gegenüber sich selbst. Dort ist der erste Übungsplatz in Sachen Ehrlichkeit.

Das meint, sich um die eigene Wahrheit zu bemühen, sie zu akzeptieren, anzuerkennen, nichts vor sich selbst kleinzureden, nichts zu vertuschen, zu beschönigen oder anzuschwärzen, sondern sie gelten zu lassen und wahrzunehmen, um dann damit an sich zu arbeiten.

Der nächste Blick geht zu den anderen, denen ich nichts vormachen will, vor denen ich mich nicht ducke, aber auch nicht großtue, die ich auch nicht ducke oder großmache, denen ich begegne ohne Gehabe und Unechtheit, mit denen ich teile, was ich sehe, wenn es passt und ich es will.

Ohne Ehrlichkeit Gott gegenüber würde dem Ganzen aber die Lebenswärme fehlen. Gott brauche ich nichts zeigen, er sieht es schon mit der Liebe, mit der er mich immer in seinem Blick hält. Dass er mich anschaut und mich annimmt, ohne irgendetwas zu übersehen, macht mir Mut. Ich kann alles anschauen, weil ich gut angeschaut bin. Ich kann geduldig werden, weil einer mit mir ehrlich geduldig ist. Die Ehrlichkeit, zu der ich befähigt bin, auch wenn ich sie immer noch zu üben habe, tut gut.

30

Mitgefühl

Vor wenigen Jahren veröffentlichte der Pädagogikprofessor Lothar Kuld ein Büchlein mit dem Titel *Compassion*, zu Deutsch *Mitleid*. Auch wenn viele Menschen kein Mitleid wollen, sich Mitleid verbieten und sagen, Mitleid helfe nicht, kommt Kuld am Ende seines Buches zu einem anderen Schluss: »Es ist der Zugewinn an Leben, der Menschen dazu bringt, sich andern zuzuwenden. Das eigene Leben ist immer auch ein Leben mit anderen. Der Ichling verkümmert. Gebraucht werden, Mitleid, Mitgefühl und Solidarität zeigen zu dürfen, ist das wichtigste Bedürfnis des Menschen.«

Als Projekt des sozialen Lernens an Schulen wurde das sogenannte *Compassion-Projekt* entwickelt, an dem Kuld von Beginn an beteiligt war. Zwei Wochen lang gehen Schüler und Schülerinnen in soziale Einrichtungen, in Altenheime, Kindergärten, Behindertenheime oder Krankenhäuser. Vorher wird gelernt: über den Sozialstaat, die Entstehung von Krankheiten, über Bedingungen und Vorstellungen von Altsein, von Kindsein. Später werden die Erfahrungen reflektiert. Das gräbt die Erfahrungen noch einmal tiefer ein ins eigene Leben und das Ganze bleibt nicht allein ein Gefühl oder nur ein Projekt.

Die Anlage zu Mitgefühl und Mitleid ist jedem ansatzweise gegeben. Aber ohne dass wir sie üben, irgendwann entschieden und schlicht üben, bleiben beide stümperhaft und klingen wie ein schlecht gespieltes Klavierstück. Es reicht nicht, Musik zu lieben, man muss auch das Instrument kennen und die Stücke üben, wenn es klingen soll.

Sicher ist das eine Übung für alle Altersstufen und Lebensphasen. Und wie jede Tugend sind Mitgefühl und Mitleid ein Gewinn für das Leben aller Beteiligten, wie umgekehrt auch die Ego-Falle, von der der Untertitel des Büchleins spricht – *Compassion. Raus aus der Ego-Falle* –, nicht nur ein Verlust für den Einzelnen ist, der in ihr steckt.

Christus hat uns vorgelebt, wie man Mitgefühl leben kann, hat Beispiele gegeben, wie man es lernen kann. Es ist nicht wirklich schwer. Es liegt uns zuinnerst. Aber man muss sich entscheiden und dann geduldig üben, damit es schön wird.

31

Sinn für Gemeinschaft

Der eine ist mehr Einzelgänger, der andere mehr Gemeinschaftsmensch. Aber kein Mensch geht vollkommen allein durchs Leben. Jeder ist auf Gemeinschaft angewiesen. Dass diese aber werden und gelingen kann ist nicht selbstverständlich und geschieht nicht von alleine. Jeder übt sich da hinein, anders geht es nicht. Zur Freude an Gemeinschaft gehört wesentlich die Bejahung der Verschiedenheit.

Stellen Sie sich ein Orchester vor. Was es da alles gibt! Kleine Piccoloflöten zum Beispiel, aber auch das große Fagott. Es gibt Geigen, Bratschen, Celli und sogar den Kontrabass (ein Instrument mit dem »Kontra« im Namen, das gehört tatsächlich auch dazu!). Es gibt Fanfaren, Posaunen und Trompeten. Ein imposanter Flügel gehört ebenso dazu wie die kleine Triangel, eine Harfe mit ihren mystischen Klängen ebenso wie die Pauke mit ihrem Fell. Je mehr Instrumente, desto voller klingt die Musik.

Jedes Instrument hat sein Recht und seine eigene Weise. Das ist nicht falsch, sondern richtig, ist nicht schlimm, sondern schön. Auch wenn alle zusammen den gleichen Ton spielen, so tönt ein jedes doch anders. Das liegt am Material und daran, wie einer darauf spielt. Da gibt es große Unterschiede. Eine Geige muss man streichen, will man Musik hören, da nützt blasen gar nichts. Eine Flöte will geblasen, eine Trommel geschlagen, eine Harfe gezupft werden. Jedes dieser Instrumente klingt anders, und jedes muss – wenn Musik werden soll – seinem Klang, sich selbst treu bleiben.

Wir kennen das auch vom Singen. Wenn wir ein mehrstimmiges Lied singen, dann geht es nur gut, wenn jeder seine Stimme hält. Man muss seine Stimme finden, lernen, kennen und singen und dabei gut auf die anderen hören, dann erst wird es schön. Es braucht beides: dem eigenen Wesen treu folgen und wach auf die andern hören. Denn das macht ja eigentlich ein Orchester aus, dass viele, ganz verschiedene Instrumente zusammenklingen. Da musiziert nicht ein jedes drauf los, sondern alle klingen zusammen, alle spielen zusammen. Die große Musik gelingt nur im Zusammenspiel.

32

Gewaltfreiheit – Sanftmut

Das Thema Beherrschbarkeit oder Unbeherrschbarkeit von Energien ist uns heute angesichts der Atomkatastrophe in Fukushima und 25 Jahre nach Tschernobyl höchst präsent. Und wie gefährlich die Eskalation unbeherrschter Energien ist, steht uns direkt vor Augen. Gleichzeitig verheeren vielerorts Kriege und Kampfhandlungen das Lebensland der Menschen. Es ist an der Zeit, wieder deutlicher von der Gewaltfreiheit zu sprechen.

Auf der Webseite der *Aktionsgemeinschaft Dienst für den Frieden* ist zu lesen: »Wir verstehen unter ziviler, gewaltfreier Konfliktbearbeitung (ZBK) die Bearbeitung von potenziell gewaltträchtigen Konflikten durch konstruktive Methoden, die auf Gewaltanwendung verzichten. So kann zivile, gewaltfreie Konfliktbearbeitung zur Alternative für militärische Konfliktregelung werden, aber auch im Inland eine neue Konfliktkultur befördern.« Das »Inland«, um das es geht, ist aber nicht primär eine politische, sondern eine personale Kategorie.

In der Bergpredigt gehört die Gewaltfreiheit zu den acht Seligpreisungen Jesu: »Selig, die keine Gewalt anwenden; denn sie werden das Land erben.« (Matthäus 5,5) So übersetzt es die Einheitsübersetzung. In der neuen Lutherübersetzung heißt die Stelle: »Selig sind die Sanftmütigen; denn sie werden das Erdreich besitzen.« Sprachlich schwach liest man dagegen in der Bibelübersetzung Neues Leben: »Gott segnet die Freundlichen und Bescheidenen, denn ihnen wird die ganze Erde gehören.« Viel liegt an der Übersetzung. Das ist nicht nur im Bereich der Sprache so, auch im konkreten Leben gilt, dass das Jesuswort immer neue Gestalt annehmen will.

Sanftmut ist das alte Wort, heute sprechen wir eher von *Gewaltfreiheit.* Es braucht aber tatsächlich Mut, in dieser Welt mit all dem Unrecht und Verletzenden sanft zu sein, Sanftmut zu üben. Aber daran ist wichtig: Ich kann, wenn ich mit Energien und Aggression umgehen will, nicht nur etwas lassen – hier die Gewalt. Wenn es gelingen soll, muss ich an dieser Stelle auch konstruktiv etwas üben, wie etwa die geduldige Kraft der Sanftmut.

33

Zuhören

Ein Mensch, der zuhören kann und es auch tut, ist eine Kostbarkeit. Jemand, der mir und sich die Zeit lässt und sich die Zeit nimmt zu hören, was ich auf dem Herzen habe, was mich bewegt und umtreibt und manchmal auch quält. Jemand, der nicht schon Verbesserungsvorschläge macht, ehe ich ausgeredet habe. Jemand, der Geduld mit mir hat und Respekt, auch wenn ich, in dem was ich sage, noch sehr unfertig und unausgewogen bin. Jemand, der zuhören kann und es auch tut, ist eine Kostbarkeit – wer wüsste das nicht?

Doch wie ist das bei mir selbst? Bin ich ein Mensch, der zuhören kann, der wenigstens manchmal zuhört, der sich immer wieder einmal darin übt, einfach zuzuhören, auch wenn er darin vielleicht noch kein Meister ist? Das Zuhören setzt sich aus vielen Komponenten zusammen. Worauf sollte ich achten, wenn ich da etwas hinzulernen will? Was ich hier schreibe, ist nicht vollständig und ergänzungsbedürftig, aber es ist wichtig und gehört dazu.

Zuerst heißt es, selbst still sein zu können, nicht permanent umgetrieben zu sein von eigenen Stimmen und den Geräuschen um mich herum. Dann braucht es Offenheit für den, der etwas sagen will. Wobei hier aber auch wichtig ist, sich abgrenzen zu können. Wenn mir einer das, was er zu sagen hat, an den Kopf werfen will, sollte ich mich dem besser verweigern und ihn einladen wiederzukommen, wenn er es ruhiger sagen kann. Dann wäre viel Geduld zu üben, Geduld mit den Worten des anderen, der sie vielleicht nicht immer ohne Mühe findet, und auch Geduld mit mir, wenn mich eigene Ungeduld anficht. Auch die wäre wahrzunehmen, ohne ihr nachzugeben. Ungeduld neigt immer wieder dazu zu unterbrechen oder Antworten vorzubereiten, ehe mein Gegenüber ausgesprochen hat.

Es gibt von Natur aus begabte Zuhörer und Zuhörerinnen. Aber auch weniger naturbegabte Menschen haben Ohren, ein Herz, Sinne und Verstand. Jeder Mensch, wenn er nur will, kann schon zuhören und es, bevor wir eines Tages sterben, noch etwas besser lernen. Ich weiß das aus eigener Erfahrung

34

Zuverlässigkeit

In einer Befragung, die das Meinungsforschungsinstitut *dimap* im Auftrag der Konrad-Adenauer-Stiftung Anfang 2011 bei 1006 Männern und Frauen zu bürgerlichen Werten durchführte, heißt es in der Auswertung, dass »80 Prozent meinen, dass die Beschreibung ›bürgerlich‹ auf sie selbst zutreffe. Für 72 Prozent stellt ›bürgerlich‹ eine positive Beschreibung dar. Den Begriff des Bürgerlichen bringen die Menschen besonders stark mit Ordnung (92 Prozent), Verantwortung (91 Prozent), Zuverlässigkeit (89 Prozent), Freiheit (80 Prozent) und Glaubwürdigkeit (80 Prozent) in Verbindung – allesamt Begriffe, die stark positiv von den Befragten bewertet werden.« Diese Werte und Tugenden teile ich gern, auch wenn ich von Jugend an Bürgerlichkeit etwas anders erlebt habe und anders bewertet hätte.

Auch in meinem Tugendkatalog gehört in die Kategorie der hohen Werte, die mit der Würde des Menschen verbunden sind, dass sich andere auf mich verlassen können, auf das, was ich sage, auf das, was ich tue und lasse. Dass ich zu dem stehe, was ich gesagt, zu dem, was ich getan, zu dem, was ich versprochen habe. Das meine ich nicht in einem perfektionistischen Sinn, sondern im Sinne einer maßgeblichen Lebensausrichtung, die selbst das Scheitern nicht ausklammert, sondern es wieder auffangen kann.

Im Bereich der Technik ist oft die Rede von Zuverlässigkeit, Reliability und Zuverlässigkeitsprüfungen. Als ich im Internet nach Buchveröffentlichungen zum Thema Zuverlässigkeit suchte, erhielt ich 15.000 Treffer. Auch wenn manche davon doppelt waren, sind es noch immer sehr viele. Darunter war auch ein Gedichtband von Walter H. Fritz (1929–2010): *Die Zuverlässigkeit der Unruhe*.

Warum folgt mein Leben, mehr noch das geistliche als das bürgerliche, der Spur der Zuverlässigkeit? Es hat mit der Erfahrung und Hoffnung zu tun, von der es im Hebräerbrief heißt: »Lasst uns an dem unwandelbaren Bekenntnis der Hoffnung festhalten, denn er, der die Verheißung gegeben hat, ist treu. Lasst uns aufeinander achten und uns zur Liebe und zu guten Taten anspornen.« (Hebräer 10,23–24)

35

Zuwendung

Zuwendung ist etwas ganz Natürliches. Ohne sie kann Leben nicht gedeihen. Wir brauchen die Zuwendung von Menschen und Gott, wir brauchen aber auch, dass wir uns selbst Gott und den Menschen zuwenden. Das gehört zum Grundmuster des Lebens, das in alles Leben eingewoben ist.

Zuerst ist die Fähigkeit der Zuwendung eine Begabung. Und es ist unübersehbar: die Menschen sind da sehr verschieden begabt. Dann aber ist Zuwendung auch eine Tugend. Auch das ist unübersehbar. Ich will zwei Beispiele erzählen.

Es war in einer Pension in Dublin, wo wir für ein paar Tage Quartier genommen hatten. Eilish, die das Gästehaus führte, war eine lebendige 74-jährige Frau mit einer Frömmigkeit, die mich beeindruckte. Ihr Leben war alles andere als in leichten Bahnen verlaufen. Aber das Strahlende, mit dem sie begabt war, war mit den Jahren noch leuchtender und transparenter geworden. Es war eine Freude, sie zu sehen und ihr zuzuhören. Einmal erzählte sie, dass ihr auf der Straße eine

Frau mit einem traurigen, in sich verschlossenen Gesicht entgegengekommen sei, ganz mit sich selbst beschäftigt. Die habe sie gegrüßt und angesprochen. Da sei ihr Gesicht aufgegangen und sie sei aus sich herausgekommen.

In unserem Kloster gab es eine Schwester, die in den letzten drei Jahren vor ihrem Tod bettlägerig war. Wenn man sie besuchte, schaute sie einen an, und ganz sicher fragte sie irgendwann: »Und wie geht es Ihnen?« Und man spürte, die Frage war ernst gemeint, kam von Herzen, war keine Förmlichkeit.

Zuwendung geschieht durch ganz einfache Gesten. Wenn sie gut ist, ist sie schlicht. Und ich meine, sie wäre immer und jedem möglich. Es ist keine große, aufwändige Sache: jeden Tag mindestens einmal – besser öfter – auf jemanden zugehen, ihn anschauen, anrufen, ihm ein Wort sagen. Das kann sich an die richten, die gerade vorbeikommen, oder auch an die, bei denen niemand vorbeikommt und um die wir wissen. Wir haben es nicht in der Hand, ob sich uns jemand zuwendet. Aber wir haben es in der Hand, ob wir uns jemandem zuwenden.

36

Dankbarkeit

Wann habe ich mich eigentlich das letzte Mal bedankt? Nicht konventionell, sondern von Herzen »Danke« gesagt zu einem Menschen oder zu Gott? Bei allem, was in der Welt schlimm ist oder schief läuft, bei allem, was auch in meinem Leben nicht gerade bestens ist, es gibt viel Grund zu danken und dankbar zu sein.

In der Bibel gibt es Psalmen, die wie eine Danklitanei gebetet werden, wie zum Beispiel Psalm 136. Es wäre gut, einmal in einer persönlichen Danklitanei die eigene Geschichte anzuknüpfen an die Schöpfung und das rettende Heilshandeln Gottes. Denn auch in meinem Leben erweist Gott sich als Gott. Wenn sein Heilshandeln und die Erlösung nicht bis in mein Leben reichen, dann sind sie noch nicht wirklich bei mir angekommen und ich habe die Botschaft, die zu lesen wäre, noch nicht weit genug entziffert.

Wem das schwierig scheint, der könnte vielleicht anfangen, im Drei- oder Fünf-Jahres-Rhythmus auf das eigene Leben, den eigenen Weg und die Menschen zu schauen, die da mitgegangen sind, und immer ein

Ereignis benennen, das in dieser Zeit Gottes Huld und Güte bezeugt. Ich vermute, da wird ein roter Faden durch alles Helle und Schwere, durch alle Fügungen, Herausforderungen und Wagnisse, durch die Ängste, durch die Verluste, durch die Zeiten des Friedens und die Momente von Glück und Einssein deutlich werden, denn seine Huld währt ewig.

Auch im Alltäglichen gibt es viel zu danken. Von Otto Betz gibt es ein Buch mit dem Titel *Das Unscheinbare ist das Wunderbare. Spiritualität im Alltag.* Wie wahr das ist! Dass alle Tage die Sonne aufgeht und wir Licht sehen dürfen. Dass Bäume und Blumen wachsen an unserem Weg. Dass wir immer Atem schöpfen können, irgendwo beheimatet sind und uns täglich Speise und Trank gegeben werden. Wenn das nicht wunderbar und des Dankens wert ist!

Die Dankbarkeit will ich nicht vergessen, keinen Tag will ich leben ohne sie. Wenn ein Mensch die Dankbarkeit pflegt und dankbar durchs Leben geht, dann ist er auch empfänglicher für das Gute und Schöne, das heute auf ihn zukommt.

37

Dienstbereitschaft

Christliches Leben ohne Dienstbereitschaft ist nicht vorstellbar. Das ist nicht nur im Blick auf die vielen karitativen Orden gemeint, die im 19. Jahrhundert entstanden sind, oder die Caritasarbeit in den Diözesen und die von ihnen getragenen Einrichtungen. Dienstbereitschaft gehört fundamental dazu, ist eine der drei Säulen, auf denen die christliche Lebenspraxis ruht und sich aufbaut: Liturgia – Diakonia – Martyria.

Die Bereitschaft zu Dienen gehört so sehr zum Wesentlichen des Christentums, dass im Evangelium des Johannes – anders als in den Evangelien der drei Synoptiker Matthäus, Markus und Lukas – anstelle des Berichtes von der Einsetzung der Eucharistie am Abend des Tages, den wir Gründonnerstag nennen, die Erzählung von der Fußwaschung steht. Nur sie! Da sagt Jesus seinen Jüngern: »Ein Beispiel habe ich euch gegeben, damit auch ihr so handelt, wie ich an euch gehandelt habe.« (Johannes 13,15) Und mit dem vorangestellten doppelten Amen fährt Jesus fort: »Amen, amen, ich sage euch, der Sklave ist nicht größer als sein

Herr, und der Abgesandte ist nicht größer als der, der ihn gesandt hat.« (Johannes 13,16) Und dann schließt sich eine der so kostbaren Seligpreisungen des Evangeliums an, die mich seit nun schon vielen Jahren begleitet und leitet: »Selig seid ihr, wenn ihr das wisst und danach handelt.« (Johannes 13,17)

Nicht nur dem Ganzen der Kirche, sondern jedem von uns gilt diese Seligpreisung und das, was zu ihr gehört. Einrichtungen können sehr gut sein. Aber meine eigene Dienstbereitschaft können sie nicht ersetzen. Ich bin auch darin unersetzlich. Und mir geht es hierbei nicht um die besonderen Dienste, sondern um die ganz unbesonderen Dienste in ihrer leisen Art. Es geht nicht um Pensum, nicht um Leistungsdenken, sondern um die Bereitschaft des Herzens und um die verheißene Seligkeit. Das vorangestellt, lohnt es sich, sich einmal still zu fragen:

- Wo diene ich?
- Wo helfe ich?
- Wo bin ich bereit?
- Wo gehe ich über mich hinaus?
- Wo wären Möglichkeiten, das heute zu tun?

38

Disziplin und Selbstbeherrschung

Selbstdisziplin oder Selbstbeherrschung sind keine Kleinigkeiten, sondern es handelt sich hier zweifellos um eine Tugend. Mein Lexikon sagt, es gehe um »die Fähigkeit, sich gelassen, harmonisch und ausgeglichen zu verhalten«. Im Umgang mit den Kräften und Gefühlen, die wir in uns tragen, die zu uns gehören, kommt es unausweichlich immer wieder zu Konflikten. Da sind es ethische, religiöse und einfach vernünftige Gründe, die uns die Richtung weisen, in die wir an diesem oder jenen Punkt weitergehen sollen. Aber auch wenn wir manchen Impulsen nicht nachgeben wollen, wir müssen mit den Kräften umzugehen lernen, die sich da zeigen. Sonst wird Selbstbeherrschung etwas Verklemmtes, Verbogenes, und das passt nicht wirklich zum Leben. Askese ist eine Schule, in der Selbstbeherrschung geübt und trainiert wird.

In der Sprache der Symbole werden die Kräfte, die uns umtreiben, oft als Tiere dargestellt. Da wird anschaulich, wie stark diese Kräfte sind. In der alten Buchmalerei des Stuttgarter Psalters aus dem 9. Jahrhundert findet sich ein solches Bild bei Psalm 32,9. Da heißt es: »Werdet nicht wie Ross und Maultier, die ohne Verstand sind. Mit Zaum und Zügel muss man ihr Ungestüm bändigen, sonst folgen sie dir nicht.«

Im Bild steht David, der seinen Mantel abgelegt hat. Und auch seine Waffen kann er hier nicht gebrauchen. Die liegen auf dem Boden. Er ist dabei, ein wildes weißes Pferd und ein braunes Maultier zu bändigen. Sie haben zwar Zaumzeug an, aber leicht machen sie es ihm nicht, es sind eben starke Kräfte. Um sie zu bändigen braucht man noch eine andere Kraft als bloß die physische. Und selbst wenn man sie hat, wie David hier, muss man doch lernen, damit umzugehen. David steht gut da. Er schaut nicht auf sich, auch nicht auf das Maultier oder das Pferd, er schaut darüber hinaus, auf den Gott hin, dem er vertraut. Ich glaube, das ist ganz wichtig, wenn man lernen will, mit solchen Kräften zu leben: wach sein für das, was sich in mir tut, und mit Gottvertrauen handeln.

39

Herzlichkeit

Ist Herzlichkeit denn zu den Tugenden zu zählen? Im Wörterbuch wird sie beschrieben als »von innen kommende Freundlichkeit«, als »entgegenkommendes Wesen«, als »aufrichtiges, ehrliches, von Echtheit gezeichnetes, zuwendendes Verhalten«. Dem gegenüber steht das herzlose Verhalten, das nicht mitfühlen oder Anteil nehmen kann oder will.

Heute wird oft gesagt, etwas sei *cool, echt cool.* Und die, die das Wort benutzen, meinen es meist mit einer positiven Konnotation. Aber dem *coolen* Verhalten fehlt es an Wärme, selbst wenn es leuchtet, bleibt es kühl in seiner Nähe. Und der *coole* Mensch bleibt bei sich, dreht sich um sich, nicht ums Ganze, nicht um den anderen. Er schenkt dem anderen keine Zuwendung, braucht den anderen nicht, und wenn er sich ihm zuwendet, wenn er ihn braucht, dann allenfalls als Publikum.

Herzlichkeit ist die Alternativhaltung zu allem *Coolsein.* Zu beidem haben wir Anlage und Möglichkeit. Das eine wie das andere kann eine Haltung und Gewohnheit werden. Das geschieht aber nicht ohne unseren Willen und auch nicht ohne unser Zutun. Auch wenn wir es vielleicht kaum bemerken, wir entscheiden uns selbst, in welche Richtung wir uns entwickeln. Das ist meistens keine große Aktion, sondern vollzieht sich schlicht und leise mitten in den alltäglichen Dingen und Verhaltensweisen. Es ist wie in der Geschichte des alten Indianers:

Schweigend saß der alte Indianer mit seinem Enkel am Lagerfeuer. Die Bäume standen wie dunkle Schatten, das Feuer knackte und die Flammen züngelten in den Himmel. Nach einer Weile sagte der Alte: »Manchmal fühle ich mich, als ob zwei Wölfe in meinem Herzen miteinander kämpften. Einer der beiden ist rachsüchtig, aggressiv und grausam. Der andere aber ist liebevoll, sanft und mitfühlend.« – »Welcher der beiden wird den Kampf um dein Herz gewinnen?«, fragte der Junge. »Der, den ich füttere«, antwortete der Alte.

Man könnte sich angewöhnen, jeden Tag mindestens dreimal der Herzlichkeit in diesem Sinne Futter zu geben.

40

Treue

Im 2. Timotheusbrief steht ein Wort, das mich schon lange begleitet: »Das Wort ist glaubwürdig: Wenn wir mit Christus gestorben sind, werden wir auch mit ihm leben; wenn wir standhaft bleiben, werden wir auch mit ihm herrschen; wenn wir ihn verleugnen, wird auch er uns verleugnen. Wenn wir untreu sind, bleibt er doch treu, denn er kann sich selbst nicht verleugnen.« (2 Timotheus 2,12–13)

Gott bleibt sich selbst treu, darum bleibt er seiner Schöpfung treu. Beim Menschen gibt es oft existentielle Konflikte zwischen der Treue zu sich selbst und der versprochenen Treue zum anderen. Die Spannung bleibt.

Weiterhelfen würde, so scheint mir, mehr die Frage nach dem »Wie« als die Frage nach dem »Ob« zu bleiben. Zu bleiben allein, war noch nie genug. Entscheidend ist, wie ein Mensch bleibt. Treue zu sich selbst ist wichtig. Aber jede Treue wird auch über sich selbst hinausgehen müssen, um im wirklichen Leben lebendig zu sein.

Der Mainstream geht andere Wege, schafft leidgeborene und leidvolle Fakten. Auch wenn sie nicht simpel schwarz-weiß zu zeichnen sind, die Richtung ist sehr deutlich: Im Jahr 1910 wurden in Deutschland 3 Prozent der Ehen geschieden, im Jahr 2005 waren es fast 52 Prozent. Bei den knapp 192.000 geschiedenen Ehen im Jahr 2008 waren in etwa der Hälfte aller Fälle insgesamt 150.000 minderjährige Kinder mitbetroffen.

Der Mainstream hat die Bedeutung der Treue abgewertet. Meiner Erfahrung nach klafft ein großer Riss zwischen dem öffentlichen Wertebewusstsein und dem inneren Wertebedürfnis der Menschen. Mir scheint, es gehört zu den tiefsten Bedürfnissen von uns Menschen, dass einer bei mir bleibt, egal wie es mir geht, ob ich froh bin oder traurig, gesund oder krank, gekämmt oder zerzaust. Das Missverhältnis zwischen Bedürfnis und Können ist erschütternd und folgenschwer.

Welche schlichte Weise könnte am heutigen Tag für mich passend sein, eine Treue zu üben und auszudrücken, damit die Treue in unserer von Untreue geschüttelten Welt lebendig bleibt?

41

Gelassenheit

Gelassenheit ist keine Tugend des Anfangs. Wem sie begegnet, wen sie ruft, der ist schon eine Strecke weit ins Leben hineingegangen. Irgendwann aber kommt jeder an den Punkt, da es an der Zeit ist, die Tugend der Gelassenheit zu lernen. Vielleicht, wenn trotz vieler Versuche die drängenden Fragen keine Antwort finden. Vielleicht, wenn uns eigene oder fremde Versäumnisse und Schuld ins Auswegslose gebracht haben. Vielleicht, wenn eine Krankheit uns heimsucht, um zeitlebens bei uns zu bleiben. Vielleicht, wenn wir vor den Bruchstücken unseres Lebens sitzen, ohne noch etwas anderes zu sehen. Es gibt so viele mögliche Nöte und Anwege in die Gelassenheit.

Sie lehrt mich, gelten zu lassen, was ist, die Wahrheit, die sich zeigt, zu akzeptieren, ohne davon zu laufen, ohne mir etwas vorzumachen, ohne Ausflüchte oder sonst eine Flucht einfach still zu halten. »Die Wahrheit wird euch freimachen«, sagt Jesus im Johannesevangelium. Irgendwann zeigt sich ein Weg, ein neuer möglicher Schritt, wie im Märchen von der

Goldmarie, nachdem sie voller Angst in den Brunnen gesprungen ist.

In unserem Kloster gab es vor vielen Jahren einmal sieben Hundewelpen. Wunderbar, mit denen durch den Garten zu gehen. Eine davon war Lena. Manche hielten sie für dumm, doch das war sie nicht. Wenn sie nicht mehr konnte, setzte sie sich hin, jaulte eine Weile und wartete, bis es wieder ging. Jahre später, an einem eigenen Tiefpunkt, habe ich mich an sie erinnert – und es ähnlich gemacht.

Aus ihrer eigenen Not heraus gründeten die beiden Amerikaner Dr. Bob Holbrock und Bill Wilson im Jahr 1935 die Anonymen Alkoholiker, eine heute weltweit aktive Selbsthilfegruppe. Am Ende eines jeden Treffens sprechen die Anwesenden folgendes Gebet:

Gott gebe mir die Gelassenheit,
Dinge hinzunehmen, die ich nicht ändern kann,
den Mut, Dinge zu ändern, die ich ändern kann,
und die Weisheit, das eine vom anderen zu unterscheiden.

Dieses Gebet immer wieder zu sagen, ist nicht nur segensreich für Alkoholiker, sondern für alle, die sich um Gelassenheit bemühen.

42

Ordnung

In den vergangenen Wochen habe ich aufgeräumt. Nach 20 Jahren im Dienst als Priorin unserer Gemeinschaft beende ich diesen nun und eine andere Schwester wird ihn übernehmen. Da hat sich viel angesammelt. Manches kam ins Archiv, manches nun doch in den Papierkorb, anderes blieb als Grundstock für meine Nachfolgerin, manches nahm ich mit. Das zu schaffen war keine Kleinigkeit. Doch jetzt ist wieder Ordnung.

Aufräumen heißt eigentlich nicht, Ordnung zu schaffen, sondern eher, zur Ordnung zurückzukehren, sie wiederherstellen. Tiefer als die Ordnung, die wir schaffen, geht jene, die den Dingen innewohnt. Mit der inneren Ordnung des Lebens in Berührung zu bleiben ist wichtig. Man kann sagen: Wer nicht Ordnung hält, bleibt nicht in Ordnung, ist auf Dauer nicht in Ordnung.

Damit will ich weder der sprichwörtlichen preußischen Ordnung noch der Kleinlichkeit die Stange halten. Beide sind für das, um das es geht, zu kurz geraten. Ordnung ist nicht bieder. Man darf nie klein und eng von ihr denken.

Die Ordnung, die von Gott her jedem Leben innewohnt, kommt aber oft zu kurz. Oft wird sie überlagert von dem, was sich ansammelt, und ist kaum noch zu sehen. Das gilt für Wohn- und Lebensräume, für die Schubladen in den Schränken ebenso wie für die in unseren Gedanken und auch für alle unsere Beziehungen.

Tugend ist es, die Ordnung zu pflegen, freundlich und beharrlich. Ich habe viel von einer alten Schwester gelernt. Sie betreute unseren Garten. Da sollte ich ihr eines Tages helfen, an den Tomatenpflanzen Triebe zu entfernen. Ich weigerte mich, das zu tun, ich wollte das Leben nicht beschneiden. Da sagte sie: »Na gut, dann lass mal zwei Pflanzen wachsen, wie du willst.« Später sah ich: Meine Tomaten waren mickrige Winzlinge, ihre waren groß und schön. Da habe ich etwas verstanden. Es ging nur am Rande um die Tomaten.

Es kann helfen, mit der Ordnung in Berührung zu sein, sie zu pflegen, wenn ich sie meinerseits jeden Tag berühre, und sei es nur, dass ich ehrlich und schlicht jeden Tag ein paar Minuten etwas aufräume.

43

Loben statt Murren – Vom Umgang mit negativen Gedanken

Das Wörterbuch erklärt *Murren* mit: »Unzufriedenheit oder Auflehnung mit knurrender Stimme und unfreundlichen Worten in abweisender Art zum Ausdruck bringen.« Für *Loben* findet sich der Eintrag: »Für lieb halten, gutheißen, Gott, ein Vorkommnis, einen Menschen oder sein Tun und Lassen, also irgend etwas mit anerkennenden Worten positiv zu beurteilen, und damit seiner Zufriedenheit oder Freude oder etwas dergleichen Ausdruck zu geben.« Beides kann mal nötig und angemessen sein. Aber oft kommen Murren und Loben als Grundhaltungen der Lebensanschauung und der Lebensantwort vor.

Eine Zeit lang war meine fast einzige ausgewählte asketische Übung das Einüben eines besseren Verhältnisses zu negativen Gedanken, die mir durch den Sinn gingen. Ich übte, sie stehen zu lassen und meinen Weg zu gehen. Ich kämpfte nicht mit ihnen oder gegen sie, aber ich überließ ihnen nicht mein Herz und nicht mein Denken. Negative Gedanken hindern alles Gute und Stille im Leben und auch den Fluss des inneren Gebets. Aber so wichtig sind sie in Wirklichkeit gar nicht, dass sie das tun dürften. Ich übte Tag für Tag, auf all das mögliche Beurteilen und Beanspruchen, Anklagen und Verteidigen und das Kreisen ums eigene Selbst zu verzichten. Denn es ist eine schlichte Tatsache: man kann nicht gleichzeitig umarmen und schlagen, tragen und stoßen, singen und grollen, zufrieden und unzufrieden sein und so weiter. Äußerlich ändert sich dabei vielleicht nichts, innerlich aber einiges, die Einstellung wird anders, denn sie bleibt dem Leben und Gott zugewandt in einer einfachen Selbstverständlichkeit. Und irgendwie wird das Leben allmählich auch ausgeglichener, konstruktiver und schlichter.

Wenn wir negativen Gedanken nicht den Raum überlassen, ziehen nach und nach andere Gedanken ein. In seinem Buch *Das Unscheinbare ist das Wunderbare. Spiritualität im Alltag* zitiert Otto Betz Dietrich Bonhoeffer: »Man soll Gott in dem finden und lieben, was er uns gerade gibt.« Und das ist immer Gutes.

44

Um Vergebung bitten

Bei meiner Mutter habe ich es zuerst gesehen: Sie entschuldigte sich, wenn irgendetwas vorgefallen war, wenn nötig auch bei uns Kindern. Sie tat das auf ganz natürliche Weise. Ohne damals zu ahnen, wie kostbar das war, wuchs ich damit auf, dass es natürlich war und zur Geradheit und Würde des Menschen passte, wenn er den anderen für das, was er verschuldet oder versäumt hatte, um Vergebung bat. Es war nicht erniedrigend, es hatte etwas Befreiendes – für beide Seiten. Später habe ich gesehen, dass sich viele Menschen damit sehr schwer tun. Sie haben vielleicht erlebt, dass sie sich klein fühlten, wenn sie sich entschuldigen mussten, oder dass es unter Druck geschah, ohne freien Willensakt, oder dass es bloßstellend war.

Zu Beginn des neuen Jahrtausends fand auf Anordnung von Papst Johannes Paul II. am 12. März 2000 im Petersdom eine Bußliturgie statt. In sieben Bitten wurde um Vergebung gebetet für historisches Verschulden von Christen im Kontext der Kirche. Da gab es das Bekenntnis der Schuld im Dienst der Wahrheit, das Bekenntnis der Sünden gegen die Einheit des Leibes Christi, das Schuldbekenntnis im Verhältnis zu Israel, ein Bekenntnis der Schuld für Verfehlungen gegen die Liebe, den Frieden, die Rechte der Völker, die Achtung anderer Kulturen und Religionen, ein Bekenntnis der Sünden gegen die Würde der Frau und die Einheit des Menschengeschlechts, ein Bekenntnis von Schuld im Blick auf Grundrechte der Person. Diese Vergebungsbitten haben damals viel Aufsehen erregt. Neben ihrer Würdigung gab es bald auch die Kritik, dass sie nicht weit genug gingen und zu harmlos blieben. Mir schien es aber, dass da jemand, wie meine Mutter uns Kindern, ein Vorbild gab. Die Bußliturgie am 12. März 2000 war vielleicht ein Höhepunkt, eine einmalige Sache aber war sie nicht. In einer Pressenotiz las ich, Papst Johannes Paul II. habe während seiner Amtszeit 94 öffentliche Schuldbekenntnisse abgelegt.

Wie ist das heute bei mir? Wann und wofür habe ich zuletzt jemanden um Vergebung gebeten?

45

Segnen und sich segnen lassen

Der Mensch braucht den Segen, mag er ihn so oder anders nennen, den Kontakt mit dem großen, gesegneten Zusammenhang Gottes. Das hat er zu allen Zeiten gewusst. So gab und gibt es in allen Kulturen Menschen, die diesen Segen in Worten und Gesten vermitteln, Männer und Frauen, die die ihnen geschenkte Gotteskraft weitergaben und weitergeben.

Aber oft sind wir nicht empfänglich genug für den Segen. Doch ohne dass er empfangen wird, kommt der Segen in kein Leben. Oft sind wir selbst auch nicht großzügig genug mit unserem Segnen. Wie kam es, dass wir weithin vergessen haben, dass wir segnen können und auch unser waches, stilles Segnen dem Leben hilfreich ist?

Der Segen ist wie Regen auf ausgedörrtes Land oder – in einem anderen Bild – wie das warme Licht der Sonne im fensterlos gebauten Schildbürger-Rathaus. Durch Menschen, die sich nicht verschließen, sondern Gott an sich heranlassen, die das allein Sinnvolle wagen, sich ihm offen hinzuhalten, fließt Gottes Segen in diese segensbedürftige Welt. Und in Jesus Christus, Gottes Wort und erlösende Zuwendung in Person, hat Gott uns mit allem Segen seines Geistes gesegnet (vgl. Epheser 1,3). Er ist unser Glück, ist Licht, Leben und Tür zum Leben.

Der gesegnete und segnende Mensch ist nicht die Tür zum Leben. Aber er ist wie ein Riss in einer festen Mauer, wie eine Ritze in der Holzwand, durch die das Leben, die Wärme und der Segen, die dahinterliegen, hindurchströmen können – eine Ritze, durch die der Leben erweckende Wind des Gottesgeistes bläst. In einem benediktinischen Kloster gilt der Segen viel. Wir leben nach der Ordensregel des heiligen Benedikt, der, wenn man seinen Namen übersetzt, der »Gesegnete« heißt. Die täglichen sechs gemeinsamen Gebetszeiten enthalten an exponierter Stelle ein Segensgebet. Die Priorin segnet die Schwestern zur Nacht, zu einer Aufgabe, zu einer Reise. Auch die Speise wird gesegnet und noch manches mehr. Im klösterlichen Raum liegt das Thema des Segens und Segnens nahe. Aber die Sache gilt darüber hinaus.

46

Zeugnis

Ob wir es wollen oder nicht, ob es uns bewusst ist oder nicht, immer legen unser Leben und Verhalten Zeugnis von etwas ab: Zeugnis von dem, was uns wichtig ist, woran wir glauben, worauf wir setzen, oder von dem, was uns Angst macht. Auf allen Ebenen des Lebens spielt sich das ab. Viel von dem, was wir tun, ist nicht allein agieren, sondern reagieren. Wir reagieren auf Erfahrungen, die wir gemacht haben, frohe oder leidvolle. Wir reagieren mit der Sehnsucht oder den Wünschen, die wir tief in uns tragen. Wir reagieren entsprechend der Werte, die unser Leben bestimmen, und der Richtung, für die wir uns entschieden haben.

Im Evangelium sagt Jesus mehrfach: »Ihr seid meine Zeugen.« Stimmt das denn für uns, sind wir in unserm Leben und Verhalten Jesu Zeugen und Zeuginnen?

In der christlichen Tradition sind die Grunddimensionen des Lebens und der Pastoral in die drei Begriffe gefasst: *Liturgia, Diakonia* und *Martyria*. Wenn eine Dimension fehlt, wird das ganze Bild christlichen Lebens unklar. *Martyria*, das heißt *Zeugnis*. Wir kennen das von dem Wort *Märtyrer*. Zeugnis kostet zwar nicht immer das Leben, aber es geht nicht, ohne dass ein Mensch etwas von seinem eigenen Leben da hineingibt. Leben zu geben, das geht im übertragenen Sinn nicht wirklich ohne passion, wie das englische Wort für Leidenschaft heißt.

In seinen gesammelten *Erzählungen der Chassidim* schreibt Martin Buber von einem Rabbi, der einem Mann begegnet, der das Grundstück seines Herrn bewacht. Wie er das tut, beeindruckt den Rabbi sehr. Er fragt ihn: »Für wen gehst du?« Der Mann sagt es ihm. Der Rabbi wird immer nachdenklicher. Nach einer Weile bittet er den Mann, ob er nicht in seinen Dienst treten könne. Was er denn da tun solle, fragt der Mann zurück. »Mich erinnern«, antwortet der Rabbi.

»Für wen gehst du?«, das ist in dieser Erzählung die Frage. Für wen gehe ich? Genauso könnten wir uns einmal neu die Frage stellen und sie im Herzen bewegen: Für was stehe ich? Ja, für was stehe ich denn eigentlich?

47

Tugend im Kontext der Religionen

Als ich jung und eine zeitlang nicht gottgläubig war, haben mich die Religionswissenschaften gelehrt: Wenn alle Kulturen der Welt zu allen Zeiten Formen und Gesten der Gottesverehrung und des Gebetes hatten, wer bin denn ich, dagegen zu sagen, da steckt nichts dahinter? Ähnlich wie alle Kulturen Religion haben, so haben auch alle Kulturen und Religionen Ethos und das Wissen um Tugend. Keine Kultur kann ohne sie werden oder bestehen. In unserer Zeit sind die Gesellschaften vieler Länder einerseits stark individualisiert. Andererseits werden in der globalen Welt die lenkenden Kräfte deutlich anonymer und sind weniger an einen ethischen Konsens gebunden. Da wird für die Religionen in allen Kulturen ein altes Feld in neuen Dimensionen abgesteckt: den Sinn für Ethik und Tugend lebendig und wach zu halten für Einzelne und das Ganze, Gefahren und Überschreitungen aufzuzeigen und positive Ansätze zu entwickeln. In diesem Zusammenhang gewinnt auch ein Grundwissen um die anderen Religionen neu an Bedeutung.

Welche Werte sind in dieser oder jener Religion besonders im Bewusstsein? Für welche Tugenden ist der Sinn stark entwickelt? In welchen Bereichen könnten wir uns aus den bleibend verschiedenen Kulturen heraus gemeinsam engagieren? Es ist wie immer unter Menschen: Da sind wir in vielem verschieden, vieles geht nicht miteinander, aber irgendetwas ist immer möglich. Um das zu finden und zu tun, muss ich mir aber zuvor Gedanken auch über den anderen machen und zumindest eine Ahnung bekommen von seinem Glauben und Handeln und dessen Gründen.

Die Zusammenhänge und das Zusammenleben in unserer Welt werden immer dichter verflochten. Bei aller Verschiedenheit gibt es überall auch Anknüpfungspunkte. Wenn – außer den berufenen Professionellen – jeder zehnte Mensch nur eine Stunde pro Woche mit einem Menschen einer anderen Religion oder Kultur etwas Gutes zusammen macht oder teilt, wäre wöchentlich viel Gutes getan in unserer einen, gemeinsamen Welt.

48

Tugenden im Islam

Für den gläubigen Muslim gibt es fünf moralische Pflichten:

- die Pflicht gegenüber Allah, dem Erhabenen,
- die Pflicht gegenüber Allahs Gesandten,
- die Pflicht gegenüber uns selbst,
- die Pflicht gegenüber unseren Familienangehörigen und
- die Pflicht gegenüber den Muslimen und den andern Menschen.

Neben diesen gibt es aber noch eine ganze Anzahl moralischer Werte und Tugenden, die nach dem Koran und der Sunna für das Leben der Muslime wegweisend und prägend sein sollen. Es ist eine beeindruckende Liste und Richtschnur, wert, sie auch als Christ und Christin einmal wahrzunehmen und zu lesen.

- Ehrfurcht vor Allah
- großzügig schenken

- Geradheit
- Schamgefühl
- sich anstrengen
- Dankbarkeit
- Geduld
- Beratung
- einander helfen
- schlechtes Reden vermeiden
- Gerechtigkeit
- Bescheidenheit
- Genügsamkeit
- Vertrauen auf Allah
- Besonnenheit
- Familiensinn
- Keuschheit
- Mitleid
- Treue zum Versprochenen
- die Fehler anderer bedecken
- Erleichterung bringen

Bei allem »unbedingt Gültigen« (Romano Guardini) von Tugend setzen geschichtlicher Kontext und sowohl kulturelle wie auch religiöse Sprache in den verschiedenen Religionen verschiedene Akzente. Ein gewisses Wissen darum, um einander respektvoller begegnen zu können, ist nicht nur für uns hierzulande, sondern auch für das weltweite Miteinander im Bemühen um Wertebewusstsein in vielen anonymisierten Zusammenhängen und zu vielen gewaltsamen Zusammenstößen unter dem Deckmantel des Religiösen mehr als wünschenswert.

49

Tugenden im Konfuzianismus

Auch wenn ihm gebietsweise eine hohe, nahezu religiöse Wertschätzung zuteil wird, ist der Konfuzianismus keine Religion, sondern eher eine Philosophie und eine Geisteshaltung. Es geht um die praxisbezogene Lebenslehre des Konfuzius (551–449 v. Chr.), der sie in Chinas Epoche der »streitenden Reiche« seinen Schülern lehrte und damit für China und Teile des asiatischen Raumes die vermutlich bedeutendste philosophische Geisteshaltung entwickelte. Seit Ende des 2. vorchristlichen Jahrhunderts wurde Konfuzius wie ein geistiger König verehrt. Die humanistische Weltsicht des Konfuzianismus baut auf ethischen und moralischen Grundsätzen auf, die das Miteinanderleben ordnen. Zentral ist darin die Lehre der fünf Tugenden:

- Menschlichkeit
- Gerechtigkeit
- ethisches Verhalten
- Weisheit
- Güte

Aus ihnen ergeben sich die sogenannten *drei sozialen Pflichten*: *Loyalität* (die Treue der Untertanen), *kindliche Pietät* (die Verehrung der Eltern und Ahnen) und die *Beachtung der Riten*. Die Befolgung dieser Leitlinien hilft dem Leben in der Gesellschaft, aus dem Chaos und in eine gute Ordnung zu kommen. Mikrokosmos und Makrokosmos wirken dabei aufeinander ein. In diesem großen Ganzen steht die Familie an zentraler Stelle, in ihrem Lebensgefüge und den vorgegebenen Beziehungsfeldern üben sich die entsprechenden Haltungen ein. Die chinesische Bezeichnung für Staat heißt soviel wie *große Familie*. Das Verhalten im Kleinen wirkt über die Familie hinaus wie ein Dominostein mit Dominoeffekt. Es heißt in einer chinesischen Weisheit:

Wenn die Familie in Harmonie ist, ist es auch das Dorf.
Sind die Dörfer in Harmonie, ist es auch die Provinz.
Sind die Provinzen in Harmonie, dann ist es auch das ganze Reich.
Sind die Reiche in Harmonie, dann ist es auch der Kosmos.

In vielerlei Hinsicht leidet das Weltganze heute auch an der Umkehrung dieser Wahrheit. Aber in konfuzianischer Sicht ist die Ordnung immer wiederherstellbar. Entscheidende Vorbildfunktion kommt dabei den jeweils Herrschenden zu.

50

Tugenden im Buddhismus

Ein zeitgenössischer chinesischer buddhistischer Meister, Chuanxi, schreibt in seinem Internet-Blog: »Wir sollen uns die bösartigen und unheilsamen Taten abgewöhnen und die Wohltaten praktizieren, nur so können wir gutmütige und freundliche Kraft besitzen. Die gutmütige Kraft wird dich nicht hindern. Die böse und schlechte Kraft wird uns im Gegenteil blockieren.«

In der Tugendlehre des Buddhismus kommt dem sogenannten *Edlen Achtfachen Pfad* in allen verschiedenen buddhistischen Schulen eine herausragende Bedeutung zu. Es geht bei den Schritten um:

- rechte Erkenntnis
- rechtes Denken, rechte Gesinnung
- rechte Rede
- rechtes Handeln
- rechte Lebensführung
- rechtes Streben
- rechte Achtsamkeit
- rechte Sammlung und Versenkung

Ebenfalls wichtig sind im Buddhismus die sittlichen Regeln der *fünf Silas*, die eine ähnliche Rolle spielen wie die *Zehn Gebote* in der jüdisch-christlichen Tradition:

- Enthaltung von Töten von Lebewesen
- Enthaltung von Diebstahl
- Enthaltung von Ehebruch
- Enthaltung von Lügen, Denunziation und Geschwätz
- Enthaltung von Rauschmitteln

Thich Nath Hanh (*1926), ein buddhistischer Mönch, Schriftsteller, Lyriker und Autor zahlreicher Bücher, der neben dem Dalai Lama einer der profiliertesten zeitgenössischen Meister der buddhistischen Lehre ist, übersetzt die fünf Silas folgendermaßen:

- Achtung vor dem Leben und Gewaltfreiheit
- Großzügigkeit: Nicht-Stehlen, Genügsamkeit, Solidarität und Sozialbewusstsein
- Sexuelle Verantwortung, Respekt und Liebe, Schutz vor Missbrauch, Kultivieren von Verantwortungsgefühl
- Aufmerksames Zuhören, mitfühlendes Sprechen, gewaltfreie Kommunikation

- Achtsamer Konsum, die »Gifte« meiden, die Entschlossenheit zu einer »bewussten Lebensweise«

Keine Frage: Wir können im Blick aufeinander gut und viel voneinander lernen und uns zum Guten inspirieren lassen.

Nachwort

Die Wichtigkeit der Laster

von P. Fidelis Ruppert OSB

Es macht wirklich Lust, ein tugendhafter Mensch zu sein beziehungsweise zu werden, wenn man die Ausführungen von Schwester Johanna Domek auf sich wirken lässt. Es gelingt ihr, die kleinen und größeren Tugenden so anziehend und natürlich zu beschreiben, dass man sich fragt, warum man nicht schon längst so geworden ist, aus freiem Herzen »gut und gerne zu leben«, in Freundlichkeit und Frieden mit anderen, damit auch unsere Mitmenschen »gut und gerne« mit uns zusammenleben.

Umgekehrt können die Ausführungen von Schwester Johanna aber auch erahnen lassen, wie viel Lebensfreude und Lebensqualität wir uns selbst und unseren Mitmenschen vorenthalten, wenn wir unseren großen und kleinen Untugenden freien Lauf lassen. In unserem normalen Umgang miteinander sprechen wir nicht von Tugenden und tugendhaftem Benehmen, aber von den Untugenden sprechen wir schon, weil sie uns ärgern und belästigen. Wir ärgern uns nicht nur über die Untugenden der anderen, sondern auch über die eigenen, wenn wir wieder einmal im falschen Augenblick aus der Rolle gefallen sind, wenn wir uns durch unsere Aggressivität, unseren Stolz oder unsere Empfindlichkeit wieder einmal blamiert haben. Und dann nehmen wir uns vor, uns in Zukunft mehr »zusammenzureißen«, aufmerksamer oder liebevoller zu sein. Manchmal funktioniert das sogar. Aber oft auch nicht. Unsere Untugenden und eingeschliffenen Verhaltensmuster sind oft stärker als unser guter Wille.

Es ist sinnvoll, sich tugendhafte Verhaltensweisen vorzunehmen. Es ist sinnvoll, so leicht überzeugende Ausführungen wie die in diesem Buch vorliegenden zu lesen und auf sich wirken zu lassen. Sie können uns anrühren und ermutigen, an solchen Verhaltensweisen zu arbeiten. Vom großen Humanisten Erasmus von Rotterdam wird berichtet, er habe in seinem umfangreichen Briefwechsel mit den Großen seiner Zeit immer wieder deren tugendhaftes Leben erwähnt und als Vorbild gepriesen. Als man ihn darauf aufmerksam machte, dass solch ein tugendhaftes Verhalten bei der betreffenden Person nicht zu finden sei, antwortete er, er wisse das natürlich, aber er hoffe, dass diese Person, wenn sie in seinem Brief so ein schönes Bild von sich entworfen sieht, vielleicht begeistert davon ist und sich in Zukunft darum bemüht. Ähnlich wirken ja auch in unserer Zeit eindrucksvolle Persönlichkeiten auf das Verhalten vieler Menschen, wie etwa das Vorbild von Mutter Teresa oder von Roger Schütz. Nicht nur das Böse, auch das Gute wirkt anziehend und verändernd.

Und trotzdem genügt es nicht, sich nur vom Guten begeistern zu lassen und zu versuchen, es zu verwirklichen. Unsere Untugenden und unsere negativen Verhaltensmuster sind tief in uns verwurzelt. Weil sie aber das Gute in uns behindern oder gar blockieren, müssen sie unbedingt vermindert oder beseitigt werden, damit sich mehr Raum für die Entfaltung des Guten eröffnet. Deshalb sind die Lasterkataloge für unsere Selbsterkenntnis nicht weniger wichtig als die Tugendkataloge. »Laster« ist auch so ein Wort, das man heute nicht gerne hört, aber es ist der Gegenbegriff zur Tugend, die schlechte Gewohnheit oder Untugend als Gegensatz zur guten Gewohnheit, der Tugend.

In der Tradition des alten Mönchtums spielte deshalb der Begriff der Reinigung eine wichtige Rolle. Die Seele sollte von den Lastern, den negativen Prägungen und Mustern, die sie von Geburt an hatte oder die sich im Laufe des Lebens gebildet haben, befreit und gereinigt werden. Je schwächer die Kraft eines Lasters wird, desto mehr wird sich in der Seele wie von selbst die zugehörige Tugend entfalten können. Es hat sogar oft den Anschein, dass man nicht so sehr direkt an einer

Tugend gearbeitet hat, sondern dass man vor allem auf die negativen Verhaltensmuster und Laster geachtet hat, um sie zu mindern oder zu beseitigen, weil man wusste, dass dann das Gute, das man anstrebt, die Tugend, sich wie von selbst entfalten kann.[1]

Ein solcher Reinigungsprozess ist auch deshalb wichtig, damit »tugendhaftes« Verhalten nicht nur äußerlich aufgesetzt oder andressiert wird, während die negativen Muster einfach niedergehalten werden, aber im Untergrund weiterarbeiten und sich dann in anderen Lebensbereichen negativ auswirken.

Das ist auch der Grund, warum bei Menschen, die gut und »tugendhaft« erscheinen, plötzlich ein recht unschönes Doppelleben offenbar wird, oder dass Menschen in einem Bereich ihres Lebens als eindruckvolle und reife Persönlichkeiten erscheinen, sich in anderen Bereichen aber unreif oder absolut unmoralisch verhalten. Deshalb müssen die Wurzeln der negativen Muster und Laster entdeckt und entsprechend bearbeitet werden, damit in der Seele ein gesunder Boden entstehen kann, aus dem dann das Gute, die Tugend ohne Doppelbödigkeit heranwachsen kann.

Wenn man zum Beispiel die Haltung von Habgier und Geiz als schädlich erkennt und versucht, sie allmählich aufzugeben, wird man »wie von selbst« freier und großzügiger gegenüber anderen Menschen.

Oder nehmen wir den Zorn, der in der frühen Mönchsliteratur eine große Rolle spielt, weil er sowohl den Frieden und die Liebe unter den Menschen wie auch die für das Beten notwendige innere Ruhe zerstört. Der Zorn wird als eine aggressive Grundkraft verstanden, die man nicht verdrängen soll, auch gar nicht verdrängen kann, weil sie zur natürlichen Ausstattung des Menschen gehört. Es ist nach der Lehre der alten Mönche auch nicht möglich, nicht zornig zu werden. Aber wir sollen bemüht sein, den aufsteigenden Zorn nicht auf Menschen loszulassen. Zornig werden, aber den Zorn nicht gegen Menschen ausagieren, sondern lernen, an sich zu halten, den Zorn erst verrauchen zu lassen oder sich blitzschnell entscheiden, freundlich zu sein. Hatten Sie schon mal den Impuls, eine Türe zornig und krachend zuzuschlagen, haben sich aber im letzten Moment anders besonnen und die Türe leise und behutsam geschlossen? Der Zorn kann verraucht sein und ein liebevolles Gefühl bleibt zurück. Die Mönche raten deshalb auch, sich bei Zorn bewusst an die Liebe zu erinnern, die auch vorhanden ist, oder Almosen zu geben oder einem Menschen etwas Gutes zu tun. So besänftigt sich der Zorn und es können Liebe und Mitgefühl aufbrechen. Die Kraft des Zornes, die Aggressivität soll nicht unterdrückt, sondern in Liebe und Sanftmut umgewandelt werden.

Liebe und Sanftmut sollen die Kraft des Zornes in sich haben, weshalb Liebe und Sanftmut nicht schwächliche Tugenden sind, sondern »die Tugend der Starken« genannt werden[2], ähnlich wie auch Gewaltlosigkeit eine starke Wirksamkeit entfalten kann, ohne zerstörerisch zu wirken.

Allerdings sagen die Mönche auch, dass die Umwandlung des Zorns in Sanftmut und Liebe ein langer Prozess ist, der viel Geduld erfordert. Was eben zum Umgang mit dem Zorn gesagt wurde, sind nur einige Hinweise für einen längeren und recht komplexen Prozess des Umgangs mit dem Zorn. Wichtig ist dazu auch noch, dass der Mensch eine innere Wachsamkeit entwickelt, die ihm hilft, auf die oft übersehenen Bewegungen der Seele zu achten, beispielsweise das Aufsteigen des Zornes frühzeitig zu erkennen, um rechtzeitig reagieren zu können, bevor der Zorn einen Siedepunkt erreicht hat, an dem es kein Halten mehr gibt. Je wachsamer der Mönch in seiner Seele ist, desto besser kann er mit den negativen Mustern und den Lastern umgehen und lernt gleichzeitig, die heilsamen Bewegungen der Seele gut wahrzunehmen und für den geistlichen Fortschritt und den guten Umgang mit den Menschen zu nutzen.

Dieser Reinigungsprozess der Seele wird oft auch als Heilungsprozess verstanden. Je mehr der Mensch von negativen Mustern befreit ist, desto gesünder wird sein Seelenleben. Evagrius Ponticus, ein Mönch im Ägypten des 4. Jahrhunderts, spricht in diesem Zusammenhang von der »Gesundheit der Seele«.[3] Und die so gesundete Seele kann dann ohne viel Mühe das Gute tun, wozu sie eigentlich vom Schöpfer her angelegt ist und was die meisten Menschen vom Grund ihres Herzens her auch wollen.

Benedikt von Nursia sagt in einem ähnlichen Zusammenhang, dass der Mönch nach einem langen Weg der Reinigung das Gute »ganz mühelos, gleichsam natürlich und aus Gewöhnung« tut, nicht mehr mit viel Mühe oder aus Angst, »sondern aus Liebe zu Christus, aus guter Gewohnheit und aus Freude an der Tugend« (RB 7,67–70). Tugend ist also nicht, da oder dort was Gutes zu tun, obwohl das natürlich sehr empfehlenswert ist. Tugend ist es dann, wenn das gute Verhalten gleichsam zur Gewohnheit und zur zweiten Natur geworden ist. Dann tut einer nicht nur Gutes, sondern er ist selber in einem gewissen Sinne gut geworden – soweit man das von einem Menschen in dieser Welt überhaupt sagen kann.

Es ist gut, sich an einem Buch wie dem vorliegenden für die Freude an der Tugend zu begeistern und sein Leben danach auszurichten. Es ist aber auch wichtig, sich intensiv mit seinen Lastern und negativen

Prägungen zu befassen, an ihrer Reinigung zu arbeiten, die inneren Blockaden zu beseitigen, die die Liebe und die Großherzigkeit hindern, damit sich die Gesundheit der Seele immer mehr entfalten kann. Daraus wird dann »wie aus guter Gewohnheit und gleichsam natürlich« (Benedikt von Nursia) ein gutes und liebevolles Verhalten wachsen.

Und eine befriedete Seele ist auch ein gut bereiteter Ort für die Entfaltung des inneren Gebetes, woraus der Liebe immer neue Kraft zuwächst.[4]

1 Zur Tugend- und Lasterlehre des frühen Mönchtums und entsprechende Wege der inneren Reinigung vgl. Anselm Grün, Der Umgang mit dem Bösen, Münsterschwarzacher Kleinschriften Band 6, Münsterschwarzach 2007; Anselm Grün, Einreden. Der Umgang mit den Gedanken, Münsterschwarzacher Kleinschriften Band 19, Münsterschwarzach 2010; Evagrius Ponticus, Die große Widerrede, mit einer Einführung von Anselm Grün und Fidelis Ruppert, Quellen der Spiritualität Band 1, Münsterschwarzach 2010.

2 Vgl. Gabriel Bunge, Drachenwein und Engelsbrot. Die Lehre des Evagrios Pontikos von Zorn und Sanftmut, Würzburg 1999, besonders S. 63–76.

3 Vgl. Evagrios Pontikos, Der Praktikos, eingeleitet und kommentiert von Gabriel Bunge, Weisungen der Väter 6, Beuron 2008, Kap. 56, S. 209–211.

4 Vgl. Evagrius Ponticus, Über das Gebet, Quellen der Spiritualität Band 4, Münsterschwarzach 2011, besonders die Einleitung von John Eudes Bamberger und Anselm Grün, S. 11–35.

Literatur zum Nach- und Weiterlesen

Augustinus, *Bekenntnisse*, übersetzt von Joseph Bernhart, Nachwort und Anmerkungen von Hans Urs von Balthasar, Frankfurt 1959.

Betz, Otto, *Das Unscheinbare ist das Wunderbare. Spiritualität im Alltag*, Eschbach 1994.

Buber, Martin, *Die Erzählungen der Chassidim*, Zürich 1949.

Delbrêl, Madeleine, *Wir Nachbarn der Kommunisten. Diagnosen*, Einsiedeln 1975.

Drucker, Peter F.; Paschek, Peter, *Kardinaltugenden effektiver Führung*, Redline 2004.

Fritz, Walter H., *Die Zuverlässigkeit der Unruhe*, Hamburg 1966.

Groeschel, Benedict J., *The Courage to Be Chaste*, New York 1985.

Guardini, Romano, *Tugenden. Meditationen über Gestalten sittlichen Lebens*. Mainz 1963 und Paderborn 1992.

Kuld, Lothar, *Compassion – Raus aus der Ego-Falle*, Münsterschwarzach 2003.

Mieth, Dietmar, *Die neuen Tugenden. Ein ethischer Entwurf*. Düsseldorf 1984.

Pieper, Josef, *Vom Sinn der Tapferkeit*, Leipzig 1934.

Pieper, Josef, *Traktat über die Klugheit*, Leipzig 1937.

Pieper, Josef, *Das Viergespann*, München 1964.

Rahner, Karl; Welte Bernhard (Hg.), *Mut zur Tugend. Von der Fähigkeit menschlicher zu leben*, Freiburg im Breisgau 1979.

Recherchen IV, *Heiliges Feuer in sich tragen. Mechtilde de Bar. Eine Auswahl spiritueller Texte*, Köln 1997.

Zátonyi, Maura, *Gotteskräfte. Über die Tugenden bei Hildegard von Bingen*, in: Erbe und Auftrag 3/2008, S. 246–262.

Zenger, Erich, *Das Gottesbild des AT I und II*, in: Hoeren, Jürgen; Kessler, Michael (Hg.), *Gottesbilder. Die Rede von Gott zwischen Tradition und Moderne*, Stuttgart 1988.

Internetquellen

»Zivile, gewaltfreie Konfliktbearbeitung«, http://www.friedensdienst.de/Zivile-gewaltfreie-Ko.35.0.html

»Das Bürgerliche und der Protest«. Auswertung einer repräsentativen Umfrage von dimap im Auftrag der Konrad-Adenauer-Stiftung, http://www.kas.de/wf/de/33.21970/

Chuanxi: »Buddha verkörpert Glückseligkeiten und Tugenden«, http://2009chuanxi.blog.de/2010/01/26/buddha-verkoerpert-glueckseligkeiten-tugenden-7875783/